AF389689

MANUEL

POUR LA

PRÉPARATION DES TROUPES

AU COMBAT

PRÉPARATION DE LA COMPAGNIE

PAR LE

Général DRAGOMIROFF

DEUXIÈME ÉDITION, REVUE ET COMPLÉTÉE

PARIS

LIBRAIRIE MILITAIRE DE L. BAUDOIN ET Cⁱᵉ

IMPRIMEURS-ÉDITEURS

30, Rue et Passage Dauphine, 30

1886

MANUEL

POUR

LA PRÉPARATION DES TROUPES

AU COMBAT

Paris. — Imprimerie L. Baudoin et Cⁱᵉ, 2, rue Christine.

MANUEL

POUR LA

PRÉPARATION DES TROUPES

AU COMBAT

PRÉPARATION DE LA COMPAGNIE

PAR LE

Général DRAGOMIROFF

DEUXIÈME ÉDITION, REVUE ET COMPLÉTÉE

PARIS

LIBRAIRIE MILITAIRE DE L. BAUDOIN ET Cⁱᵉ

IMPRIMEURS-ÉDITEURS

30, Rue et Passage Dauphine, 30

—

1886

AVERTISSEMENT

La deuxième édition de la *Préparation de la Compagnie au Combat* renferme quelques additions et quelques modifications que le général Dragomiroff se propose d'introduire dans la prochaine édition russe de son Manuel.

On y a ajouté deux tableaux donnant par semaines la progression de l'instruction des jeunes soldats dans l'infanterie russe.

En raison de l'accueil particulièrement favorable dont l'armée française a honoré le présent Manuel, le général Dragomiroff a bien voulu le compléter, en vue de l'édition française, par une troisième partie, dont la traduction est terminée, et qui pourra paraître dans le courant de cette année, sous le titre de : *Préparation des trois armes à la Camaraderie de Combat.*

MANUEL

POUR

LA PRÉPARATION DES TROUPES

AU COMBAT

INTRODUCTION

Les règlements militaires et les instructions, qui ont force de loi comme les règlements, ne déterminent la marche à suivre pour former le soldat que relativement à chaque objet de l'instruction, pris séparément; mais la fusion générale — en un seul tout — de ces éléments divers et la combinaison intime, que nécessite leur application sur le champ de bataille, ne sont et ne sauraient être l'objet d'aucune réglementation.

Un travail de cette nature sort forcément du cadre d'un règlement, puisqu'il vise à l'application combinée de plusieurs règle-

1

ments, en tenant compte en outre — du temps, des lieux et des moyens de toute nature dont on peut disposer.

Les commandants de troupes sont invités à ne pas considérer la lettre de ce Manuel comme obligatoire. Il faut surtout s'efforcer d'en pratiquer l'esprit, en apportant dans l'application des conseils qu'il renferme toute sa bonne volonté et son intelligence personnelle. La chose en vaut la peine, puisque le sort de milliers de gens, la victoire ou la défaite, la gloire ou le déshonneur, dépendent de la manière plus ou moins judicieuse dont on fait l'éducation des troupes.

Le présent Manuel définit le but à atteindre et contient un certain nombre d'indications sur la façon d'y parvenir. Mais aucune d'elles ne présente, dans toute son étendue, un caractère d'obligation. Tout dépend des moyens dont on peut disposer, et la rigueur avec laquelle ce Manuel peut être mis en application est subordonnée à ces moyens. On exécute ce que l'on peut et, s'il y a des parties que les moyens et les circonstances ne permettent pas de mettre en pratique, on se résigne à les laisser de côté ; mais, après s'être bien convaincu toutefois qu'on ne recule que devant une impossibilité réelle et non devant une apparence.

Il va de soi que lorsqu'il s'agit de fondre les différentes branches de l'instruction en un seul tout, *qui se rapproche le plus possible de la pratique de la guerre et du combat,* il y a lieu de mettre de côté bien des choses qui ont pu servir à pousser à la perfection chacune des branches de l'instruction en particulier, et au contraire de porter une attention toute spéciale sur d'autres points.

Le succès de l'instruction dépend du *caractère de l'éducation* du soldat, c'est-à-dire du degré auquel il est pénétré de la conscience de ses devoirs.

S'il a été élevé de façon à ce qu'il remplisse toutes les obligations que lui impose le service, sans rémission, sans s'en écarter d'une ligne, — aussi bien quand on ne le voit pas que lorsqu'on le voit, — l'instruction donnera rapidement de bons fruits. C'est par conséquent l'éducation qui prime tout.

ÉDUCATION

1. *Le chef de compagnie est responsable de la bonne direction imprimée aux hommes et en même temps à tous les cadres de sa compagnie :* sur cette base, il a le devoir de s'assurer comment chacun d'eux connaît son affaire et de prendre des mesures pour faire disparaître toute insuffisance qu'il peut découvrir.

Une fâcheuse habitude, qui s'est perpétuée depuis l'époque où les officiers étaient encore pour les soldats « des seigneurs », place les commandants de compagnie, vis-a-vis des officiers inférieurs, sur un pied de camaraderie mal comprise, et leur fait considérer comme malaisé de compléter et de vérifier l'instruction de ces jeunes gens. Il est grand temps d'abandonner ces errements. La camaraderie sérieuse, vraiment digne de gens qui s'estiment, n'est pas exclusive des obligations du service ; au contraire, elle les présuppose. Celui qui a l'autorité et le devoir de m'apprendre le métier dont dépend mon avenir, — et qui recule devant cette tâche par un faux sentiment de délicatesse, — n'est pas un vrai camarade. Encore une fois : la camaraderie est si loin d'être incompatible avec les exigences du service, qu'elle en émane même directement. En réalité, c'est la familiarité qui est inadmissible dans le service, parce qu'elle est contraire aux intérêts mêmes du service.

2. Quand il s'agit de l'homme, il faut avant tout se rappeler que, pendant le combat, ce n'est pas tant en vertu du dressage qu'on lui a donné que ses jambes le portent avec plus ou moins d'intrépidité, et que ses bras travaillent d'une façon plus ou moins sensée.

Ici, tout dépend en première ligne — de la manière dont le cœur bat et dont la tête raisonne. — C'est donc de la tête et du cœur qu'il faut tenir compte avant tout, quand il s'agit de former un soldat. Le temps où l'on s'imaginait qu'en s'adressant aux jambes et aux bras, on s'adressait aussi au cœur et à la tête, est passé sans retour. Toute une série de guerres ont fait justice de cette fausse croyance. Sans doute, il reste bien encore aujourd'hui des gens qui la partagent toujours; c'est inévitable pour toutes les manières de voir anciennes qui sont détrônées par de plus nouvelles. Mais ces gens-là même apostasient peu à peu. Bon gré mal gré, les armes rayées les contraignent, de jour en jour, tout doucement, à accepter bien des idées qui leur paraissaient naguère des hérésies révoltantes.

Il est incontestable que, par les jambes et par les bras, on peut bien arriver à faire entrer quelque chose jusque dans le cœur et dans la tête; mais d'abord, ce quelque chose n'est pas suffisant pour l'homme qui est appelé à donner sa vie pour son pays, et, en second lieu, on obtient quelquefois, par ce moyen, les résultats les plus inattendus et le plus directement opposés à ceux qu'on désire. C'est donc une grande erreur, pour un chef de compagnie, que de s'imaginer qu'en apprenant à son monde — le travail à la baïonnette, le tir, les évolutions, l'emploi du terrain, — il a fait tout le nécessaire, et que le reste viendra par surcroît. On peut être de première force sur l'escrime, sur le tir, etc., etc., et, en même temps, n'avoir aucune idée du devoir militaire. Cherchez donc avant tout à enraciner chez le soldat le sentiment du devoir militaire, développez dans sa tête les idées d'honneur et d'honnêteté, affermissez et élevez son cœur, et c'est le reste qui viendra par surcroît.

« Ainsi, d'après vous, pas n'est besoin d'enseigner ni la baïonnette, ni le tir, ni la marche : inculquer le sentiment du devoir suffit », m'objecteront probablement certaines gens. Non, pas du tout; mais tout bonnement : Confirmez l'homme dans le sentiment du devoir, développez chez lui l'honnêteté et l'honneur, et il vous sera — au moins dix fois plus facile — de lui apprendre tout ce que vous venez de dire, que s'il était privé, en partie, ou tout à fait, de ces qualités morales.

3. Notre tâche est devenue maintenant très compliquée; le succès n'est donc possible qu'à la condition expresse : 1° de répartir le travail de la façon la plus conforme au but; 2° de faire choix d'une méthode qui donne des résultats aussi solides et aussi rapides que possible.

Le premier point exige : 1° qu'un plan, rationnellement élaboré, préside à toute l'instruction, sous peine d'omettre quelque chose, ou de consacrer aux différentes branches de l'instruction un temps qui ne soit pas en rapport avec l'importance relative de chacune; 2° que le chef de compagnie se rende un compte bien exact de la part qui lui incombe nécessairement dans l'instruction et de celle qui revient aux officiers, aux sous-officiers et aux instructeurs.

Le plan de l'emploi du temps est réglé maintenant, pour toute l'armée russe, par une instruction officielle (1). Mais je ne crois pas inutile de m'appesantir sur le dernier point.

4. On sait que la préparation des troupes présente deux branches bien distinctes : l'éducation et l'instruction. La première comprend les règlements sur le service intérieur et sur le service des places ; la deuxième — les règlements d'exercices et de manœuvres, l'instruction du tir, l'escrime à la baïonnette, les manœuvres avec but tactique, etc. *Le chef de compagnie doit se charger lui-même de confirmer les hommes de recrue dans ce qui constitue la première de ces branches,* quoique pas complètement; car cette branche elle-même présente deux faces bien différentes, savoir : les obligations proprement dites et le cérémonial usité dans

____

(1) Voir l'Appendice.

l'exécution. Il va de soi que *le chef de compagnie n'est tenu personnellement d'inculquer que les obligations elles-mêmes.* L'apprentissage du cérémonial peut être confié à tout instructeur un peu intelligent, et le chef de compagnie se borne, pour cette partie de l'instruction, comme pour les autres, à vérifier le travail de ses aides.

5. Quant à la méthode, on peut la formuler en deux mots : *préférer l'exemple par les yeux à l'explication verbale, dans tous les cas où ce sera possible;* et là même où il n'y aura aucun moyen d'éviter, au préalable, quelques explications verbales, il conviendra de saisir le premier joint qui se présentera pour confirmer et éclaircir la chose par un exemple. Mieux vaut montrer une fois que d'expliquer vingt fois.

6. Encore une observation à propos de l'enseignement oral : Ne jamais oublier qu'on s'adresse à des gens simples, et qu'il est nécessaire : 1º de ne jamais leur livrer plus d'une idée ou deux à la fois, et d'exiger immédiatement qu'ils répètent ce qu'on vient de leur dire: pas de conférences avec le soldat; 2º d'éviter les mots qui ne sont employés que dans les livres; 3º de ne rien enseigner qui ne soit absolument indispensable ; 4° de saisir toute occasion d'introduire la démonstration par les yeux, en réduisant les paroles au strict nécessaire ; 5° de faire primer les obligations sur le cérémonial, par l'insistance avec laquelle on s'arrête sur les premières.

7. Pour mener la tâche à bonne fin, il faut joindre à la persévérance l'énergie dans les exigences. Il y a des gens qui confondent cette énergie avec l'emportement et même avec l'irritabilité personnelle. C'est une bien grande erreur. Les exigences du service ne comportent pas nécessairement des ardeurs de cette nature. Tout au contraire, celui qui se met hors de lui ne fait que satisfaire à un penchant naturel pour la colère ; mais les obligations du service n'ont rien à y voir. Cela ne peut inspirer aux subordonnés que le souci de complaire aux fantaisies de leur chef, et par conséquent ce n'est pas à une pareille école qu'ils apprendront l'exécution du service. Je ne parle déjà plus des gens qui vont jusqu'à des voies de fait ; ces licences-là sont absolument interdites par la loi, — et, par suite, ébranlent le respect qui lui est dû. Avec la composition actuelle des contingents, on arriverait plus vite, par ce système, à affoler les hommes qu'à les instruire et, par conséquent, à les rendre moins propres, et, quelquefois même, tout à fait impropres au service.

Donnez vos ordres et faites vos observations brièvement, avec précision, sans mâchonner et d'un ton qui impose l'obéissance, de façon que chacun puisse comprendre ce que vous voulez et sentir que vous le voulez pour de bon; alors vous n'aurez pas besoin de crier après vos hommes, ni de les bourrer. Il est vrai que dans notre métier (à la manœuvre principalement) on s'emballe quelquefois, sans s'en apercevoir. Mais il ne faut jamais oublier que satisfaire à son tempérament personnel, ce n'est pas satisfaire au service, et qu'on doit s'efforcer, au lieu de développer en soi une propension à la colère, de parvenir, au contraire, à réprimer ses emportements.

8. L'homme de recrue arrive au corps avec une disposition toute prête à obéir, ou, ce qui revient au même, à exécuter des ordres. Car, avant son entrée au service, dès son enfance, il a contracté l'habitude d'obéir au chef de famille et, en devenant homme, aux représentants de l'autorité, qui sont en contact immédiat avec le paysan.

Il n'y a donc qu'à spécialiser cette faculté, dans la direction conforme aux exigences et au caractère du service militaire.

9. Or, le caractère propre à l'accomplissement du service militaire consiste dans la *ponctualité* et la *promptitude* à exécuter les ordres, basées sur un *dévouement sans bornes* et soutenues par le *fonctionnement le plus actif de l'intelligence*. Toutes ces conditions sont indispensables pour la guerre, puisque le succès y dépend du concours unanime des *masses*, dans l'exécution de la pensée et de la volonté *d'un seul*. C'est bien clair : sans ponctualité et sans promptitude d'exécution, — pas de communauté d'action; sans dévouement, — pas de bonne volonté à souffrir et à mourir; sans activité de l'intelligence, — point d'aptitude à saisir la volonté du chef et à se débrouiller pour découvrir les moyens de la réaliser dans les meilleures conditions de succès. Nous ne devons pas oublier que notre mission est de tuer, en nous faisant tuer. C'est un point sur lequel nous ne devons jamais fermer les yeux. Faire la guerre en tuant, sans se faire tuer, est une chimère; faire la guerre en se faisant tuer, sans tuer soi-même, est une ineptie. Il faut donc savoir tuer, tout en étant prêt à périr soi-même. L'homme qui s'est voué à la mort est terrible. Rien ne l'arrêtera sur le chemin de son but, à moins qu'une balle folle ne le fauche en route ; mais, si on peut tuer un homme, on ne tue pas toute une compagnie. Il faut, par conséquent, que le soldat soit pétri de manière à ne pas craindre de se faire tuer, tout en sachant, en même temps, vendre chèrement sa peau.

Pour cela, il faut du dévouement, et il faut aussi de l'intelligence ; et, pour venir en aide à cette dernière, il est nécessaire de donner au soldat, aussi bien qu'à l'officier, l'instruction la plus raisonnée et la plus approfondie de tout ce qui constitue leur spécialité. L'esprit d'abnégation se fortifie, chez l'homme de guerre, principalement par l'éducation, tandis que le développement de son intelligence, dans le sens de la guerre, s'acquiert surtout par l'instruction. Mais l'éducation et l'instruction, conduites rationnellement, se prêtent un mutuel appui. Quand l'éducation a fait de l'homme un exécutant consciencieux et fidèle, il est plus facile de lui apprendre à accomplir tout ce que l'on veut, et, par conséquent aussi, le travail à la baïonnette, le tir, les manœuvres ; et, réciproquement, à force de répéter les actes qu'entraînent ces différentes branches de l'instruction, le même homme devient plus disposé à exécuter. Dans ce sens, *l'instruction contribuera d'autant plus à confirmer les résultats de l'éducation, que les exigences de cette instruction seront plus en harmonie avec le but,* c'est-à-dire que chacune de ces exigences laissera mieux entrevoir d'elle-même à quoi elle tend. Exemple : 1° J'apprends au soldat à viser une fois, deux fois, vingt fois de suite ; le plus niais comprendra mon intention ; 2° je fais répéter au soldat un mouvement du maniement d'armes, aussi vingt fois de suite ; le plus intelligent n'y comprendra rien. Il peut arriver que ce soit par punition que je lui fasse répéter ce mouvement ; alors, dans ce cas, je dois procéder de manière à ce que le soldat comprenne que je le fais exprès pour le punir.

10. Il ne faut pas croire que l'emploi de punitions sévères puisse contribuer à accélérer et à perfectionner l'éducation du soldat. Il n'en est rien. Le meilleur procédé d'éducation consiste à se montrer toujours égal, inflexible et invariable dans les exigences qu'on a manifestées au soldat dès le début. Qu'il sache bien que ce qui lui a été dit une fois doit être exécuté toujours, comme on le lui a dit cette fois-là, sous peine d'encourir infailliblement une punition, fût-elle même légère; qu'il se convainque, par son expérience personnelle, que certains actes entraînent toujours certaines punitions, et que, pour le même fait, il ne sera pas un jour écartelé et le lendemain complimenté. En un mot, qu'il voie et fasse de même — aujourd'hui, demain et pendant tout son temps de service. Et alors, il se formera de lui-même à l'exécution fidèle de ses devoirs, qui deviendra pour lui une routine, — c'est-à dire une seconde nature.

Service intérieur.

11. Le service intérieur embrasse toute l'existence du soldat et détermine ses devoirs en même temps que ses droits. Le soldat doit connaître les uns et les autres d'une manière bien positive, pour voir que la loi, en lui imposant des obligations, le garantit, en même temps, contre d'injustes attentats. Mais, sans oublier de parler au soldat de ses droits, il faut insister surtout, pendant l'instruction, sur ses obligations. Les bases du service intérieur sont toutes contenues dans les quatre préceptes suivants : 1° exé-

cute tout ce que ton supérieur t'ordonne;
2º ne t'absente jamais sans permission;
3º s'il t'arrive quelque chose, fais-en toujours le rapport à ton chef immédiat; 4º aie
soin de tes armes, de ton corps et de tes
vêtements (le commandant de compagnie
n'a pas le temps de s'occuper de ce dernier
point, c'est l'affaire des sous-officiers; mais
il passe des revues, pour obliger de s'y
conformer). Un soldat, auquel on a bien
inculqué l'habitude des quatre prescriptions
précédentes, est un homme sur lequel on
peut compter. Il ne faut donc jamais s'exposer à les perdre de vue, en s'égarant dans
les détails. Ensuite, comme chaque homme
a un corps en même temps qu'une âme,
toute affaire humaine a un côté moral, qui
concerne l'âme, et un côté matériel, qui
concerne le corps. Le côté matériel, dans le
service intérieur, se traduit par les marques
extérieures de respect dues aux différents
grades. En rendant les honneurs à un supérieur, le soldat exprime par là-même sa
subordination, en même temps qu'il s'ac-
quitte d'un devoir de politesse exigé par la
bienséance en général, même en dehors de
la société militaire. Mais il y a réciprocité
dans ces marques extérieures, et les officiers, qui ne répondent pas aux honneurs

qui leur sont rendus, ne font pas bien; ils laissent voir par là qu'ils sont moins bien élevés que les soldats, et de plus ils donnent à ces derniers un exemple regrettable d'infraction aux prescriptions du règlement. Quand on ne brille pas soi-même par une exécution fidèle de ses obligations, on n'a pas autorité pour inculquer cette qualité aux autres.

12. En s'occupant de confirmer le soldat dans l'exécution de ses devoirs, il est indispensable de chercher constamment à développer chez lui le sentiment instinctif de leur importance relative. Dans la pratique, plusieurs exigences à satisfaire à la fois peuvent se trouver en collision; et, comme il est impossible de faire deux choses en même temps, il peut y avoir des cas où le meilleur soldat, si on ne lui a pas appris à faire des distinctions, peut exécuter le moins important et négliger l'essentiel. Exemple : un supérieur passe et, au même moment, un malfaiteur se jette sur lui. Le soldat doit-il faire front, rectifier sa position et faire le salut militaire, ou bien sauter sur le malfaiteur et dégager son chef (1)?

____

(1) Lors de l'attentat commis à Saint-Péters-

On peut arriver à inculquer au soldat le sentiment instinctif de l'importance relative de ses obligations, d'abord, *en graduant les punitions qu'on lui inflige;* car si on le châtie pour des infractions légères aussi sévèrement que pour des fautes graves, on lui laisse l'impression que les unes et les autres ont *une égale importance.* En second lieu, il convient de développer son discernement au moyen d'exemples judicieusement conçus; un homme simple ne comprend pas, ou comprend souvent de travers les explications abstraites; mais chácun est en état de saisir et de retenir une parabole. Encore un exemple : un officier est pris dans la rue d'un malaise subit et tombe. Passe un soldat qui fait le salut militaire et rectifie sa position devant l'officier. Survient un autre soldat qui, sans rendre aucun honneur à l'officier, se précipite sur lui, le relève et le reconduit, ou même le transporte chez lui. Quel est celui

---

bourg contre Loris-Mélikoff, c'est ce général lui-même qui arrêta l'individu qui venait de faire feu sur lui. Le sergent de ville en faction devant la porte, excellent homme, ancien soldat, continuait à faire le salut militaire.

des deux qui est un vrai soldat? Autre exemple : il arrive une catastrophe; des secours sont nécessaires sans perdre une minute. On bat la générale : un soldat accourt dans la tenue où il se trouvait le moment auparavant, n'ayant pris que le temps de sauter sur son fusil et sur ses cartouches, et, en un clin d'œil, il est là, où l'on réclame sa présence. Un autre s'attarde à se mettre dans une tenue parfaitement régulière, et, par suite, n'arrive pas à temps. Quel est celui de ces deux soldats qui a le mieux rempli son service? Certes, ce n'est pas sans raison que Pierre le Grand, dans un de ses ordres immortels, dit que : « *dans le règlement, les us et coutumes sont escripts, mais on n'y trouve ni tems ni hazards* »; donc, il convient de n'appliquer les premiers « *qu'avec discernement* ». Ainsi le soldat — et l'officier encore bien davantage — doivent tenir compte non seulement du règlement, mais encore du temps et des circonstances.

Qui peut donner à l'homme de recrue un apprentissage moral semblable, si ce n'est le commandant de la compagnie en personne, et lui seul? Si, jusqu'au moment de devenir chef de compagnie, il a fait pour de bon son service, il doit connaître non seulement le règlement, mais posséder aussi l'art de nuancer ses explications, de façon à ce que le soldat, tout en sachant ce qui est important, ne néglige point cependant d'exécuter, avec ponctualité, même les obligations les moins importantes. En un mot, lui seul peut connaître « les temps et les circonstances », tandis que les officiers subalternes ont beau savoir le règlement, l'expérience du reste leur manquera toujours; c'est à peine, la plupart du temps, s'ils savent comment il faut parler à des gens simples. Avant donc d'être chargés d'une semblable instruction, il faut qu'ils soient d'abord, sous ce rapport, *les élèves du chef de compagnie lui-même.*

Il n'y a pas moyen non plus de songer à confier cette besogne importante aux sous-officiers. Car, avec la durée actuelle du service, c'est déjà bien beau que les sous-officiers parviennent seulement à être eux-mêmes de bons exécutants et à pouvoir surveiller la manière dont les hommes s'acquittent des obligations du service; mais, sans être pour cela capables de les leur enseigner. Sans doute, il peut y avoir des exceptions; mais nous ne parlons pas des exceptions.

Le chef de compagnie dévoué à son

affaire doit prendre sur lui le soin d'inculquer aux hommes les parties essentielles du service intérieur, encore pour une autre raison : c'est qu'en faisant passer par ses mains tous les contingents successivement, il parviendra, par là même, à bien connaître ses hommes sous le rapport intellectuel et moral, et à se faire connaître par eux, condition de la plus haute importance pour transformer la compagnie — d'un ramassis d'hommes — en un organisme compact, dont la tête est ce même chef de compagnie.

13. En répartissant ainsi la besogne, les officiers subalternes, les sous-officiers et les instructeurs resteront chargés : de confirmer les anciens soldats dans la connaissance de leurs devoirs; de leur faire exécuter, ainsi qu'aux hommes de recrue, les exercices préparatoires de manœuvre, le travail à la baïonnette, le tir; — d'enseigner aux hommes de recrue les marques extérieures de respect dues aux supérieurs et, en général, tout ce qui rentre dans le cérémonial. Quant au chef de compagnie, il se réservera le contrôle général de toute l'instruction et le soin de la couronner, en fondant ensemble tout ce qui doit entrer en combinaison.

Service de garde (ou des places).

14. Le service de garde est le premier échelon dans la voie qui permet d'arriver à la consécration du soldat pour le service du champ de bataille, et, comme tel, il a une signification énorme. Une fois en faction, le simple soldat se trouve chargé de la sauvegarde d'objets et d'intérêts de la plus haute importance; il est, par suite, investi du droit terrible de vie ou de mort sur ses semblables et abandonné à *son seul discernement*, pour juger des circonstances qui entraînent l'application de ce droit, sans que personne puisse le guider, ou lui indiquer la décision à prendre. S'il ne tue pas, quand il le faut, — il passe en jugement; s'il tue, quand il ne faut pas, — il passe encore en jugement. Le soldat en faction est tenu d'observer sa consigne jusqu'à la mort; il n'ose plus obéir aux ordres de ceux auxquels il doit, en temps ordinaire, une soumission absolue; il est obligé de lutter contre la fatigue, par le seul sentiment du devoir, sans qu'aucune surveillance presque ne le stimule; il ne peut quitter son poste, même quand il est menacé d'une perte certaine, tant qu'il n'est pas relevé par celui qui l'a placé ; enfin il faut qu'il résiste aux tentations de toute nature. Bref, le service de garde est le premier service réel du soldat en temps de paix ; tout le reste n'est rien de plus qu'une préparation à ce service.

Le service de garde exige, comme condition expresse, que le soldat ait du sens et du caractère ; mais à son tour, le service de garde contribue à développer ces qualités : certes, il faut avoir la tête bien d'aplomb (au figuré, s'entend) et le cœur haut et ferme, pour sortir sans affront de situations où il y a lieu de prendre des décisions si opposées : tuer, ou ne pas tuer ; — obéir, ou ne pas obéir.

Il n'est pas besoin de plus de développements pour faire comprendre qu'en dehors du chef de compagnie, c'est-à-dire de l'homme responsable et mûri par l'expérience du service, personne dans la compagnie ne saurait être chargé de poser les bases d'une affaire si épineuse et si hérissée de difficultés pour un jeune soldat.

15. Mais comment s'y prendre pour enseigner cette grande affaire, pour arriver à l'assimiler promptement et solidement ? Sans doute, on ne peut éviter de commencer par le livre du règlement : mais *comment ?* Faut-il ouvrir le règlement du service des places et partir de la première page ? Hélas ! il y a bien des gens qui font ainsi, ou du moins, en admettant encore que personne ne commence par les devoirs du commandant de place, il y a, en tous cas, plus d'un chef de compagnie qui commence au chapitre : Des différents postes, postes d'officiers, postes de sous-officiers, etc... *Quel bagage inutile pour un homme de recrue et même pour un ancien soldat ! Si quelque chose peut les intéresser dans cette partie du service des places, ils l'apprendront beaucoup mieux par la pratique, chemin faisant ; mais tout cela n'a aucun rapport avec les devoirs les plus importants et les seuls indispensables à connaître pour le soldat : — les devoirs de la sentinelle.*

Le chef de compagnie ne doit pas oublier un seul instant que, dans l'instruction du soldat, principalement dans la première instruction : *tout ce qui est inutile est nuisible ;* car cela ne peut servir qu'à faire ombre, dans l'esprit du soldat, sur ce qui lui est vraiment nécessaire ; c'est pourquoi, en entamant l'instruction sur les obligations du service de garde, le chef de compagnie doit être encore plus préoccupé de ce qu'il doit taire que de ce qu'il doit dire.

16. Ainsi donc, avant de commencer cette instruction, il faut avant tout bien se rendre compte : 1º des paragraphes qui définissent les obligations proprement dites et de ceux qui règlent le cérémonial, c'est-à-dire le rite extérieur ; 2º des paragraphes qui doivent entrer dans le cadre de l'instruction de chacun, suivant son rang dans la compagnie. Il va de soi que les officiers et le sergent-major doivent connaître tous les paragraphes ; mais il y a déjà une première élimination à faire, pour les sous-officiers, puis une seconde pour les caporaux et, à la rigueur, pour les premiers soldats ; enfin il ne faudra conserver pour le simple soldat que les paragraphes qui lui sont absolument nécessaires, et qui, bien entendu, doivent être parfaitement sus de tous ceux qui sont au-dessus de lui.

Après s'être rendu de tout cela un compte bien exact, il faudra se borner strictement, pour l'instruction des recrues, pendant les premiers temps, aux paragraphes relatifs au soldat, c'est-à-dire à ceux qui définissent les devoirs de la sentinelle. Mais en revanche, il faudra employer tous ses efforts pour les inculquer à fond à *tous les hommes de recrue sans exception.* Sur ce chapitre-là, il ne doit pas y avoir de malins, ou de nigauds ; car si, dans un moment difficile, il arrive par hasard qu'une situation délicate et importante échoie à un nigaud, c'est-à-dire à un homme dont on ne s'est point donné la peine de parachever l'instruction, il peut en résulter des malheurs énormes. Il n'est pourtant pas impossible de styler convenablement n'importe quel homme de recrue, quand on sait bien s'y prendre.

17. Pour atteindre ce résultat, c'est toujours à l'exemple qu'il faut avoir recours, et ne jamais se borner à des explications verbales. Appliqué au service de garde, l'exemple devient à proprement parler une espèce d'*épreuve.*

Voici comment on peut s'y prendre : supposons qu'un homme de recrue quelconque sache déjà bien expliquer verbalement tout ce qu'il doit faire en faction : ne laisser prendre son fusil par personne ; n'obéir absolument qu'à celui qui l'a posé en sentinelle et au chef de poste ; n'accepter de cadeaux de personne ; ne rien accepter de plus en consigne, etc., etc... Pouvons-nous avoir la conscience tranquille à son endroit? Nous est-il prouvé qu'il possède son affaire à fond? Sans doute, nous avons constaté qu'il sait l'expliquer; mais nous ne serons sûrs de lui, en somme, qu'après l'avoir vu à l'œuvre. Mettons-le donc à l'épreuve, c'est-à-dire dans une situation embarrassante, où il puisse être tenté d'oublier quelqu'une de ces obligations, qu'il énumère si bien en paroles, et voyons ce qu'il va faire.

Exemples. On a posté quelques hommes de recrue, qui paraissent devoir être déjà très ferrés sur les devoirs du service de garde, en faction à une certaine distance les uns des autres; celui-ci est devant un magasin, celui-là devant une poudrière, etc. (fictivement bien entendu, à un coin de bâtiment quelconque). Approchez-vous du premier; il vous rend les honneurs : « Hé, l'ami! comment tiens-tu ton fusil? plus à droite! Non! plus à gauche! Mais non! pas comme ça! Tiens comme ceci! » Et en même temps, vous lui prenez son fusil, en faisant mine de vouloir lui montrer la position. S'il tombe dans le panneau : « Comment! Quelle honte! Une sentinelle qui laisse prendre son fusil! » Il deviendra très confus et vous pouvez compter qu'on ne l'y reprendra plus. Si, au contraire, le soldat ne se laisse pas prendre au piège : « Très bien, mon brave ! tiens voilà pour boire à ma santé ! » Et vous lui glissez dans la main une pièce de monnaie. S'il refuse le pourboire, — parfait ; c'est un homme qui possède son affaire. Mais s'il accepte : « Comment ? tu acceptes des cadeaux en faction ! C'est une honte ! » — Supposons maintenant qu'il s'agisse d'une sentinelle devant une poudrière. Avancez-vous, avec un cigare à la bouche. Si l'homme ne vous crie pas d'arrêter, il est déjà en faute ; mais si même il vous crie d'arrêter, continuez d'avancer comme si vous n'aviez pas entendu, pour le forcer à mettre plus d'assurance dans sa voix. Ou bien, interpellez-le : « Comment ! moi, ton chef de compagnie ! tu me défends de passer ! » — « On ne passe pas ! » — « Allons donc ! on ne passe pas ! Et si je ne t'écoute pas ! » En pareil cas, en général, le soldat reste tout penaud, et on a toutes les peines du monde à lui faire comprendre qu'il doit envoyer une balle ou un coup de baïonnette à tout contrevenant. « Eh bien ! frappe-moi, si je viole ta consigne : n'oublie pas que, lorsque tu es en faction, tu es un être surnaturel, tu domines tout le monde. » Voulez-vous vous assurer si vos hommes se rappellent qu'ils ne doivent obéir qu'à leur caporal de pose : ordonnez tout haut, à la fin de cette instruction, de relever les sentinelles, après vous être arrangé, au préalable, pour que cette opération soit exécutée par un autre caporal.

On peut inventer de la sorte des épreuves correspondant à chacune des obligations du service de garde, et chaque chef de compagnie est libre, bien entendu, de combiner toutes ces épreuves à son gré.

Cette manière de faire, j'en parle par expérience, permet d'inculquer véritablement au soldat la conscience de ses devoirs. Pour les gens simples, la théorie est une voie mauvaise, stérile et lente; mais les exemples, les cas particuliers entrent vite dans leur esprit et s'y gravent fortement.

Tout le cérémonial du service de garde est parcouru sous la direction des instructeurs et démontré *exclusivement par des exemples*; ni pendant la période d'instruction, ni pendant les inspections qui ont pour but de constater les résultats de cet enseignement, il n'est exigé de réponses verbales sur cet objet. Car le cérémonial est une pure affaire de forme et d'exécution et il n'est pas besoin de savoir le réciter. On évite ainsi une inutile perte de temps, au bénéfice d'un autre objet réellement nécessaire.

INSTRUCTION INDIVIDUELLE

ET

PASSAGE A L'INSTRUCTION EN FRACTIONS CONSTITUÉES.

18. L'instruction pour l'emploi du fusil doit commencer par les exercices préparatoires de tir et le travail à la baïonnette et non par le maniement d'armes. Bien que cette progression de l'instruction soit réglementaire depuis plus de vingt-cinq ans, il y a encore aujourd'hui plus d'un chef de compagnie qui fait commencer par le maniement d'armes.

19. Gymnastique. — Afin de développer la force de résistance musculaire et l'adresse dans un sens vraiment pratique pour la guerre, il faut que l'enseignement de la gymnastique, dans l'infanterie, porte surtout sur les exercices suivants : sauts en largeur et en profondeur, saut de barrière ; marche sur la poutre ; ascension et descente rapides sur des échelles hautes et droites. La meilleure installation de gymnastique pour exécuter ces exercices, c'est un retranchement en terre, de fort profil, avec des abatis et des trous de loup en avant du front, une palissade sur le chemin couvert et une au fond du fossé. Une compagnie, dont tous les hommes individuellement sont en état d'escalader un pareil ouvrage, est préparée à surmonter tous les obstacles que peut présenter, sur le terrain, le point le plus fort. Il ne reste plus qu'à opérer la fusion des éléments de cette compagnie, en lui montrant la manière d'attaquer le même ouvrage, en masse bien unie. Il n'y a pas, du reste, de procédé meilleur pour faire découvrir, par la force même des choses, tous les trucs possibles pour se hisser, se faire passer les uns les autres, etc... En outre, rien qu'en ouvrant les yeux, les hommes se familiarisent avec tous les détails de la fortification de campagne et même de la fortification semi-permanente. Les ouvrages qu'ils pourront avoir à enlever, dans la réalité, seront presque toujours beaucoup plus faibles que leur citadelle de gymnastique.

Les troupes qui sont situées dans des casernes, dans des villes où il y a de vieux murs, ou à proximité d'ouvrages de fortification, peuvent compléter les exercices précédents, en faisant l'assaut de ces casernes, de ces murs et de ces ouvrages.

Comme complément indispensable du cours de gymnastique, il convient d'exécuter des marches fréquentes, avec chargement complet. Une infanterie est bonne marcheuse, lorsqu'elle est en état de supporter des étapes de 30 kilomètres pendant plusieurs jours de suite, en ne laissant que peu de monde en arrière. Mais pour amener les hommes à ce résultat, il faut observer la progression la plus rigoureuse dans l'augmentation de la charge et de la durée de la marche. Il convient de préparer le soldat, à partir du printemps, de façon à ce qu'il soit en état d'exécuter tous les exercices de la période d'été, avec le chargement complet.

20. Escrime. — Pour habituer les hommes à se servir de la baïonnette avec adresse, sur le champ de bataille, il faut pratiquer ce qui suit :

Dans les exercices d'escrime contre un but inanimé, accorder une attention toute spéciale à la force et à la justesse des coups ; c'est-à-dire bien moins s'attacher à obtenir la perfection dans les mouvements des jambes et les parades, que des coups vigoureux et bien lancés au point indiqué sur un mannequin. Les mannequins d'escrime se confectionnent à bon marché, avec de la paille, de la laine, etc... Les hommes doivent frapper avec la baïonnette, tout en courant, sans ralentir le moins du monde leur vitesse au moment du coup. C'est la seule manière de développer chez eux l'habitude de ramener promptement la baïonnette en arrière, après le coup.

Comme exercice de justesse, il est utile aussi de leur apprendre à embrocher au vol des mannequins qu'on balance au bout d'une corde.

Dans l'escrime à deux, il faut avoir principalement en vue de développer, chez les deux adversaires, *l'ardeur et l'animation de la lutte jusqu'à leur plus extrême limite*, et, par suite, ne pas trop s'attacher à l'exécution pédantesque de la règle : « Pare d'abord, frappe ensuite. » Cette règle est surtout bonne pour des gens calmes par tempérament et qui possèdent de plus une habileté dans l'art de l'escrime, qu'on ne saurait atteindre dans l'instruction de la masse. Les gens ordinaires ne réussissent à porter des coups, sur le champ de bataille, que si on leur a bien appris à ne pas songer beaucoup à leur propre défense. Pour donner le coup comme il faut, on doit maintenir l'arme *avec les deux mains*, et ne jamais l'abandonner complètement de la main gauche, quand on la lance avec la main droite.

En même temps, il faut expliquer aux hommes que les procédés de l'escrime à deux ne sont admissibles, sur le champ de bataille, que pour lutter un contre un, mais pas dans le choc des masses; en ce cas, il n'y a que le coup de baïonnette droit devant soi, en maintenant fortement l'arme avec les deux mains, — mais seulement de tout cœur par exemple! C'est pourquoi il est bon de faire voir cet exercice aux hommes, en les formant par petits groupes, sur un rang serré, en face de mannequins. Dans les instructions de ce genre, il faut ne leur demander qu'une chose; c'est de courir bien franchement depuis la distance, d'où on se lance habituellement à l'assaut, et de frapper ensuite avec leur baïonnette bien droit et jusqu'à la garde. Il n'y a pas de règles méthodiques à prescrire positivement pour ce mode d'apprentissage. Introduire ici des règles de ce genre, serait prouver seulement qu'on ne comprend pas l'essence de la chose. Mais il faut apporter dans cet exercice une attention toute particulière *sur le retrait rapide de la baïonnette, après avoir frappé.*

21. **Remarque générale pour tous les exercices.** — Les commandements doivent être poussés énergiquement et d'une façon bien distincte. Les mots du commandement indiquent l'objet de l'exécution, et doivent être bien entendus pour être bien compris. Le ton du commandement entraîne l'exétion. A commandement mou, exécution molle.

22. **Longueur du pas.** — Pendant les premiers exercices de marche, il ne convient pas de se préoccuper de l'alignement. Il faut avant tout chercher à obtenir un pas large et libre. Quand ce résultat sera atteint, l'alignement viendra de lui-même. Au contraire, si on commence par la recherche de l'alignement, on réduit le pas, sans s'en apercevoir, par la simple raison qu'il est plus facile de s'aligner en faisant des pas moindres.

Jadis, quand l'alignement était la préoccupation dominante, on avait été conduit en Russie à réduire le pas d'une archine à trois quarts d'archine ; ce qui provoqua la remarque suivante de la part de Souvoroff :

« On a raccourci le pas d'un quart d'archine, et par suite, en marchant sur l'ennemi, on ne fait plus que 30 verstes, au lieu d'en faire 40. »

23. **Observations sur les différents genres de tir et sur leur mode d'emploi.** — Depuis l'adoption des fusils à tir rapide, il est devenu indispensable que tout le monde soit bien convaincu de la vérité de l'axiome : « Tire rarement, mais tire juste. » En partant de là, l'on doit, dans les exercices de temps de paix, restreindre le plus possible les pratiques qui sont le plus capables de développer chez le soldat l'habitude de viser avec négligence et de tirer avec précipitation, enfin de lui laisser supposer qu'il peut avoir le droit de disposer de son feu, non seulement en ordre dispersé, mais aussi même quelquefois en ordre serré. En conséquence, il convient : 1º d'éviter le tir à blanc, qui contribue à apprendre au soldat à s'agiter, à mal viser et à tirer avec précipitation (1);

_____

(1) Le tir à blanc ne peut être employé avec avantage que : 1º pour habituer les recrues aux détonations; 2º pour les attaques traversantes; 3º pour les manœuvres à double action, dans le

2⁰ de mettre le feu entre les mains des chefs, non seulement dans l'ordre serré, mais encore, du moins en partie, dans l'ordre dispersé.

Cette dernière proposition est incontestable pour l'ordre serré. Là, le chef doit pouvoir, dans tous les cas sans exception, disposer du choix du but et du moment pour tirer. Toute la marche de l'instruction doit contribuer à élever le soldat dans cette conviction, que ce sont les lâches seuls qui se hâtent de tirer, et qu'un soldat qui se respecte doit toujours attendre le commandement ; l'homme qui, en ordre serré, tire sans commandement, est coupable du crime de désobéissance dans les rangs, vis-à-vis de son supérieur. En ordre dispersé, les chefs (1) ne déterminent pas toujours le moment de tirer : *mais ils doivent guider les tirailleurs pour le choix du but, et leur ordonner de cesser le feu, toutes les fois que*

---

but d'indiquer la position occupée par le défenseur.

(1) Il faut entendre par chefs, sur la chaîne des tirailleurs, non seulement les officiers qui commandent la troupe, mais encore les sous-officiers et les soldats qui commandent des sections, ou des escouades.

*les avantages qu'on peut en attendre ne cor-
respondent point à la consommation pro-
bable de cartouches.*

24. Voici quelques indications proposées pour la direction du feu :

Ménager ses cartouches. — Tirer toujours
par salves, en ordre serré, et de préférence
aussi, en ordre dispersé ; notamment, aux
distances supérieures à 800 pas (1), les
salves valent mieux que le tir individuel :
le feu reste entre les mains des chefs; la
fumée ne gêne pas pour tirer; on peut surveiller le point de chute des balles. Il faut
tirer tranquillement, chaque fois sur un but
déterminé, et exécuter tout avec le plus
grand soin possible. La rapidité du tir,
obtenue aux dépens du soin consacré à
viser et à faire partir le coup sans secousse,
augmente la dépense des munitions, tout
en diminuant les chances d'atteindre.

Les chefs d'escouade, au lieu de veiller
sur les hommes, pour obtenir qu'ils placent
la hausse régulièrement, tirent avec ordre,
exécutent tous les commandements et tien-
nent compte de tous les avertissements, —
se laissent aller quelquefois à une agita-

---

(1) Le pas russe = 1/3 de sagène = 0^m,71.

tion déraisonnable, font beaucoup de train, mais ne voient rien. Il faut leur apprendre à faire leur besogne de leur place, tranquillement, avec sens et sans pousser de cris (1).

Ce sont les premiers coups qui produisent sur l'adversaire l'impression la plus profonde. C'est pourquoi il est très nécessaire qu'ils soient justes ; car des coups sans justesse l'enhardissent, en lui laissant croire que notre feu a peu de valeur.

25. Voici quelques données approximatives relativement aux dimensions des buts,

---

(1) L'officier ne peut presque jamais conserver la surveillance immédiate de l'emploi judicieux des feux de la chaîne. Il ne doit se préoccuper que d'une chose : c'est de préparer, dès le temps de paix, des sous-ordres qui seront chargés de l'exécution de ce devoir important, et auxquels il indiquera, sur le champ de bataille, les buts sur lesquels le feu devra être dirigé de préférence. Cette pratique peut être donnée à ces gens, dès le temps de paix, en leur ordonnant de temps en temps, pendant les séances de tir, de faire diriger le feu, non pas sur toutes les cibles également (en supposant, bien entendu, qu'il y en ait plusieurs), mais sur telle ou telle d'entre elles en particulier.

sur lesquels il y a lieu d'ouvrir le feu individuel, suivant la distance :

Vers 800 pas et au delà, — sur les masses ;

De 800 à 500 pas environ, — sur des groupes d'au moins 4 hommes ;

De 500 à 300 pas environ, — sur des groupes d'hommes à moitié découverts, ou sur des hommes isolés à découvert ;

A partir de 300 pas et plus près, — sur des hommes isolés, même couchés.

Le chef possède, sur le champ de bataille, un moyen très simple pour empêcher les hommes de tirer avant qu'il ne le désire : c'est de rester de sa personne debout devant le front, jusqu'au moment où il se décide à ouvrir le feu, et de ne se retirer en arrière que pour faire son commandement.

Dans les salves à 300 pas et plus près, il faut toujours viser aux pieds et exercer les hommes à cette pratique, avec un soin tout particulier (1).

---

(1) Bien que l'appareil de visée soit disposé sur le fusil de manière à permettre d'atteindre un homme jusqu'à 400 pas, en visant à la ceinture, c'est cependant un résultat d'observation que, sur le champ de bataille, dans le tir aux petites distances, la majorité des balles passe par-dessus

A n'importe quelle distance, il est préférable de viser au pied du but : les ricochets valent mieux que les coups trop longs.

Il faut bien se garder, *sur le champ de*

---

la tête. Quelle que soit la raison de ce fait, qu'il provienne de ce que les hommes, pour viser, jettent leur arme de haut en bas, et faute de sang-froid, n'attendent pas toujours que la ligne de mire se soit abaissée jusqu'à l'horizontalité, ou qu'il tienne à toute autre cause, il n'en est pas moins vrai que les gens qui ont l'expérience du champ de bataille conseillent, dans le tir aux petites distances, de renoncer à une trompeuse recherche de précision et de viser constamment aux pieds, afin de donner aux bras du soldat une habitude constante. Du reste, les balles qui frappent le sol en avant du front de l'ennemi, par suite d'un trop grand abaissement du fusil, peuvent encore toucher par ricochet, tandis que celles qui passent par-dessus l'adversaire n'atteignent plus rien, ou du moins, si par hasard elles vont frapper quelque part, ce n'est plus là où cela nous eût été nécessaire.

Procédé pour montrer à viser aux pieds : placer à 200 ou 300 pas une moitié de la compagnie vis-à-vis de l'autre et faire viser. Ou bien encore placer les hommes à la même distance d'une construction quelconque et prescrire d'en viser le pied.

bataille : 1° du tir par salves avec plusieurs hausses, car la dispersion des balles est suffisante sans cela; 2° du tir avec un nombre déterminé de cartouches, ainsi que du tir rapide, car l'un et l'autre dégénèrent facilement en tiraill. ies, bien difficiles à arrêter.

Remarques.

1° Par ce qui a été dit plus haut, on voit que cela ne vaut pas la peine de t rer sur des hommes isolés, au delà de 300 pas;

2° Que les cas, où il convient d'employer le tir par salves aux grandes distances, ne se présentent que rarement, et qu'il faut attendre, en général, pour en faire usage, qu'on se trouve à la distance du but en blanc de fractions à rangs serrés. Mais, une fois arrivé à cette distance, un chef, qui connaît bien son affaire, ne se laisse pas longtemps tirer dessus, et, après deux ou trois salves, il marche à l'assaut et se lance à la baïonnette. Par conséquent, les moments pour les salves sont extrêmement courts, et cela se bornera, en somme, à une dépense de quelques cartouches par fusil.

Il résulte de là que pendant la première, c'est-à-dire pendant la plus longue période du combat, il se présentera rarement des buts qui permettent à la fois un tir juste et rapide; et que, dans la seconde période, au contraire, il y aura des buts nombreux, tandis que la durée même de cette phase du combat se comptera par instants. Il est clair, par suite, qu'un tir efficace, c'est-à-dire *juste*, ne saurait être *rapide*. Ce tir ne saurait être rapide encore par la raison que : c'est en retenant le tir dans de justes limites de vitesse qu'on peut arriver à donner à ses hommes un peu d'assiette, et à les empêcher de s'échauffer jusqu'au point où ils commencent à tirailler au hasard. Voilà pourquoi il faut toujours en revenir à l'aphorisme : « Tire peu, mais tire juste »; et c'est à tort qu'on appelle le fusil actuel : une arme à tir rapide. Ce n'est qu'une arme à *chargement rapide*.

Les chefs doivent ne jamais oublier qu'en se pressant de tirer sur des buts qui ne présentent pas de grandes chances de résultat, ils risquent fort de rester sans cartouches, pendant les moments du combat, où le destin leur enverra peut-être des occasions de fusiller l'ennemi à coup sûr.

L'expérience de la guerre de 1877 a inspiré à plusieurs militaires la conviction que le tir par salves, en plates-bandes, peut offrir des avantages sérieux, même aux plus grandes distances. Les Turcs tiraient sans viser; sans être limités en rien dans la consommation des cartouches, puisqu'ils attaquaient rarement et ne faisaient guère que passer leur temps dans des positions préparées d'avance, et où les provisions de cartouches étaient amenées en abondance. Si l'on tient compte, en outre, du défaut d'instruction préalable de la majorité d'entre eux, cela suffit à faire comprendre que leur tir était tout bonnement une tiraillerie désordonnée, et qu'il serait étrange d'en faire un objet d'instruction, attendu qu'il se produira tout seul dans toute armée composée de nouvelles levées. Mais une armée disciplinée et instruite ne doit pas y avoir recours; car, chez elle, le soldat sera forcément imbu de la conviction que l'efficacité du tir dépend de la justesse et non de la vitesse, et qu'une cartouche tirée de très loin, au hasard, est perdue pour le tir pendant ces moments du combat, où l'on peut compter de tirer presque à coup sûr. Il peut, à la vérité, se présenter des cas, extrèmement rares sans doute, où l'ennemi mettra en vue des réserves en masse compacte, à des distances éloignées, mais cependant encore dans la sphère d'action des feux d'infanterie. Alors, pourquoi ne pas leur envoyer quelques salves, si nous n'avons pour l'instant d'autre objectif? Mais ce n'est pas une raison pour introduire ce tir dans l'instruction; le chef commandera, les hommes tireront et les balles tomberont au petit bonheur. Il convient, d'ailleurs, de faire observer que les buts de cette nature sont plutôt l'affaire de l'artillerie que celle de l'infanterie; et, que si les réserves de l'adversaire se montrent à une distance de 1500 à 2,000 pas, c'est que son avant-ligne est déjà en face de nous, nez à nez. Notre infanterie de la ligne de combat aura donc assez à faire avec elle pour ne pas songer à s'occuper des réserves. Si donc on nous demande si le tir en plates-bandes à grande distance est rationnel, nous ne pourrons répondre qu'une chose : c'est que ce tir est rationnel, si les appro-

3.

visionnements de cartouches sont inépuisables et si l'armée qui l'emploie est assez ignorante pour qu'on ne puisse en obtenir aucune autre espèce de feu. Mais voir dans ce genre de tir un nouveau moyen pour la tactique des feux, — cela n'est guère fondé.

INSTRUCTION DE LA COMPAGNIE

Observations générales.

26. La préparation raisonnée de la compagnie au combat constitue la base de toute l'éducation militaire de l'infanterie. Si les compagnies sont bonnes, le bataillon le sera aussi. En outre, dans un détachement composé de plusieurs bataillons, chaque bataillon, dans sa solidarité avec ses camarades, n'a rien autre à faire, que ne doive savoir exécuter une compagnie, vis-à-vis de ses compagnes de bataillon.

27. Le cadre de l'instruction de la compagnie est déterminé par la division du combat en deux périodes : celle des feux, ou de la préparation, et celle de la baïonnette, ou de la décision ; celle-ci fait voir celui des deux adversaires qui est digne de la victoire. En partant de cette base, on peut partager l'instruction de la compagnie en trois branches :

1° Instruction de la compagnie, portant

sur l'application au combat des marches et des formations, en terrains variés, mais sans faire usage de l'arme;

2° Exercices sur le même objet, mais en y ajoutant le tir avec cartouches de guerre;

3° Préparation de la compagnie à la période du combat dite de la baïonnette.

28. *Tous ces exercices doivent être conduits de façon à inculquer au soldat et au chef la connaissance de tout ce qu'il y aura lieu d'exécuter sur le champ de bataille, et, en même temps, à préparer le moral de tout le monde, de manière qu'aucune des péripéties du combat ne surprenne ni le soldat, ni le chef, et ne les prenne jamais au dépourvu.*

Attendu que, sur le champ de bataille, *la confiance en soi-même, le calme* et *la décision* constituent une condition indispensable à tous les degrés de l'échelle hiérarchique, puisque sans elles *la présence d'esprit* et *la faculté de prendre immédiatement ses mesures* sont impossibles, même chez l'homme qui connaît le mieux son affaire, — il faut s'attacher, pendant l'instruction, à écarter soigneusement tout ce qui pourrait nuire au développement de ces qualités, et, au contraire, rechercher tout ce qui est capable de les fortifier.

Rien n'est plus propre à ébranler chez l'homme la confiance et la décision, que l'abus des réprimandes acerbes. Il faut donc éviter, pendant les manœuvres et les instructions, de tomber dans ce défaut, à moins que les fautes ne proviennent d'une indifférence manifeste pour le service. On remédie à un défaut de savoir par des explications et non par des reproches. Sur le champ de bataille, des mesures même défectueuses peuvent transformer quelquefois en succès une affaire à moitié perdue, à la condition expresse qu'elles soient exécutées avec énergie et opiniâtreté. Mais peut-on trouver de l'énergie et de l'opiniâtreté chez celui qui a pris l'habitude de craindre toujours quelque sortie violente de la part de ses chefs ; au moment de prendre une mesure quelconque et de l'exécuter, son esprit sera toujours plus préoccupé d'éviter une réprimande que de combiner et d'accomplir judicieusement sa besogne.

En tous cas, il faut bien se garder de faire une observation, sur le ton de la réprimande, à un chef quelconque, si petit qu'il soit, en présence de ses subordonnés.

Pour donner à la troupe des habitudes de

calme, il convient d'éviter tout ce qui peut devenir une cause de trépidation, comme, par exemple, les changements de formation instantanés et continuels, le tir à volonté et autres pratiques semblables, pendant les instructions. La rapidité et l'adresse nécessaires à la guerre sont avant tout basées sur le calme du chef et du dernier soldat, et *le calme ne se développe pas par des exercices d'agitation.*

29. L'instruction pratique du temps de paix, si variée et si étendue qu'elle soit, ne peut pas éviter quelques lacunes. Un moyen de les combler consiste à *faire au soldat des entretiens instructifs sur son métier.* Si vous aimez le soldat, si vous êtes dévoué à votre affaire et si vous la connaissez bien, — vous trouverez facilement de quoi causer. Souvoroff considérait ce genre de commentaires comme un complément indispensable de l'instruction, et il terminait et prescrivait de terminer par là chaque séance. *La séance* durait en général une heure, une heure et demie au plus, et *l'entretien* se prolongeait quelquefois plus de deux heures. Certainement, il fallait être Souvoroff pour se faire écouter par des soldats sous les armes, — deux heures de suite; mais cinq ou dix minutes d'entretien, surtout à des hommes qui ne sont pas sous les armes, mais libres de leur attitude, ne dépasseront jamais les bornes de l'attention. Et, en somme, dix minutes suffisent pour communiquer au soldat bien des notions utiles et accessibles à son esprit, surtout si toute la marche de l'instruction est réglée de façon à le préparer à l'intelligence des conseils qu'on lui donne pour la guerre. Un double avantage ressortira de ces entretiens : le soldat commencera à appartenir à son affaire, non pas seulement par les bras et par les jambes, mais encore par la tête et par le cœur; de son côté, l'officier s'appropriera cette manière de parler brève, énergique, claire, qui ne s'absorbe pas dans les détails, — dont il a besoin pour donner ses ordres sur le champ de bataille et pendant les manœuvres. Messieurs les officiers, ne vous refusez pas à entrer avec le soldat dans ces explications sur votre besogne commune dans les combats. Les grandes actions et l'art de sortir des situations les plus difficiles ne sont possibles que pour celui qui connaît le soldat, et que de son côté le soldat connaît et comprend.

Instruction de manœuvres et d'exercices.

30. La base de cette instruction consiste à confirmer tous les hommes et tous les cadres de la compagnie dans l'exécution prompte et précise des mouvements et des évolutions prescrits par le règlement. Le passage rapide de l'ordre serré à l'ordre à files écartées et inversement, sur place et en marche, mérite une attention particulière. Il faut savoir aussi rapidement ouvrir les files sous le feu, que les serrer instantanément, en prévision de l'assaut final.

31. *Le développement de l'attention des hommes constitue une des conditions fondamentales pour le succès de cette branche de l'instruction.* Le soldat, à qui l'on a appris les mouvements et les évolutions en masse, exécute tout cela par routine, comme un corps sans âme. C'est pourquoi il faut l'empêcher de s'endormir dans le rang. Dans ce but, le commandant de compagnie, tout en faisant exécuter la série des mouvements prescrits par le règlement, devra s'efforcer de faire varier l'ordre de succession de ces mouvements le plus souvent possible. Ainsi, par exemple, en prenant sa compagnie au début de la séance, il ne faut pas commencer chaque fois par le maniement d'armes, puis par une marche en avant et en arrière; mais au contraire, quel que soit l'ordre dans lequel se trouve la compagnie, sans en excepter l'ordre de route, prendre tout à coup l'ordre dispersé, etc., etc. En suivant cette voie, l'on préservera la compagnie de la routine, sous l'influence de laquelle il suffirait bientôt de commander l'ordre dispersé, ou toute autre formation, avant d'avoir exécuté certains mouvements préliminaires, pour que tout le monde fût dérouté.

32. Cependant on n'arrivera pas encore, en suivant cette manière d'agir, à faire acquérir aux hommes le degré d'attention nécessaire pour les exercices d'application, c'est-à-dire pour les manœuvres destinées à adapter les types réglementaires à une hypothèse tactique déterminée, sur un terrain quelconque. Il est indispensable, en vue de cet objet, de développer l'attention des hommes à un degré tel que, même dans une formation en masse, chacun d'eux soit constamment prêt à une exécution individuelle.

Pour y parvenir, on peut avoir recours à des procédés dans le genre du suivant :

1° la compagnie est en train d'exécuter le maniement d'armes. Après le commandement « Portez armes », commandez tout d'un coup, par exemple : « numéros pairs de la 3e section, l'arme sur l'épaule droite », ou bien : « 2e rang de la 4e escouade de la 4e section, présentez armes », etc.; 2° la compagnie est en marche directe en bataille ou en colonne; commandez : « Numéros pairs, demi-tour à droite, marche ». Les numéros pairs exécutent et marchent en sens inverse. — « Compagnie, demi-tour à droite, marche ». Les numéros pairs et impairs reviennent maintenant à la rencontre les uns des autres, et la compagnie peut être reformée : soit en l'arrêtant, au moment où les numéros pairs et impairs arrivent à la même hauteur, soit en commandant à propos un demi-tour en marchant aux files paires ou impaires. — Autre exercice : « Telle escouade de telle section, demi-tour à droite, marche », — ou bien : « Telle section, demi-tour à droite, marche », — puis rétablir l'ordre par des commandements analogues aux précédents, ou encore en commandant tout simplement : « Telle escouade de telle section (ou : telle section) en place, pas gymnastique, marche ». — Autre exercice : « Telles files, dans chaque . section, halte ». Et pour rétablir l'ordre : « Telles files, dans chaque section, en place, pas gymnastique, marche ». Quand les files s'arrêtent, on peut ordonner à la compagnie de serrer sur le centre, ou de conserver les intervalles, à volonté.

Dans une colonne en marche directe par le flanc, on peut, outre les exercices précédents, dédoubler encore la colonne en commandant : « Telles files de tel rang, demi-tour à droite, marche ». L'ordre se rétablit par un procédé analogue aux précédents.

Dans tous les exercices destinés à vérifier et à développer l'attention des hommes, il convient de s'en tenir rigoureusement aux commandements réglementaires, sans inventer soi-même de faux commandements, en guise de pièges. Si l'homme, à chaque minute de la séance, se rappelle son numéro dans sa section et n'oublie pas qu'il est pair ou impair, s'il se souvient également du rang, de l'escouade et de la section dont il fait partie, — c'est tout ce qu'on peut exiger. Aller plus loin ne contribuerait plus à soutenir et à développer l'attention, mais à la fatiguer et par suite à l'affaiblir.

Remarque. — Les procédés proposés ci-dessus ne sont pas uniques dans leur genre. La question n'est pas dans ces procédés, mais dans le but désiré, c'est-à-dire, comme on l'a déjà dit, dans le développement de l'attention; peu importent d'ailleurs les moyens, pourvu qu'on arrive au résultat. Seulement il ne faut pas chercher trop de malices : plus le système employé sera simple, et mieux cela vaudra. Ainsi, par exemple, les exercices exécutés au commandement du chef de compagnie seul, sans que les chefs de peloton ou de section répètent le commandement, l'instruction à la muette, c'est-à-dire en se réglant seulement sur les signes ou les déplacements du chef de compagnie, tout cela sont des moyens propres à concourir au but proposé. On peut aussi vérifier l'attention des hommes, en s'entendant d'avance avec les officiers de peloton ou de section, de façon à ce qu'ils répètent de travers les commandements du chef de compagnie et en veillant à ce que les hommes exécutent toujours le commandement de leur chef le plus immédiat — tel quel. Ce procédé est doublement avantageux : d'abord il fait voir clairement aux hommes qu'ils ne doivent pas se permettre de raisonner dans le rang, et ensuite il apprend aux officiers subalternes à réparer tranquillement un mouvement défectueux. Se tromper n'est pas un malheur; ce qui serait un malheur, c'est que les hommes s'imaginassent qu'ils peuvent en remontrer à celui qui les commande, et que celui-ci perd la tête à la moindre faute qui lui échappe.

Règlement appliqué.

33. Une fois que les formations et les exercices réglementaires sont connus à fond, il faut aller plus loin et montrer leur application aux buts de la guerre, afin que les officiers et les soldats eux-mêmes se rendent bien compte de leur destination. Mais pour éviter de perdre son temps sur des objets inutiles au point de vue du combat, celui qui est chargé d'instruire une compagnie doit se conformer à ce qui suit :

1° Ne jamais manquer d'indiquer, à haute voix et de façon à être entendu de toute la compagnie, la direction d'où peut venir l'ennemi, et, autant que possible, s'efforcer de désigner cette direction au moyen d'un objet visible : arbre, cabane, etc. Ceci est très important quand l'ennemi est de la cavalerie.

2° En parcourant toute la série des exercices, trouver chaque fois pour soi-même une solution, — qui devra être matérialisée d'ailleurs par une formation sur le terrain, — aux questions suivantes :

1° *Que ferai-je si l'ennemi apparaît tout à coup sur mon front ? sur mes flancs ? derrière moi ? ou dans une direction oblique quelconque ? — 2º Que ferai-je si cet ennemi est de l'infanterie ? de la cavalerie ? de l'artillerie ? (1).*

---

(1) Le lecteur remarquera sans doute que ces questions ne sont que l'application à l'instruction d'une compagnie du célèbre conseil de Napoléon, relatif aux dispositions à prendre dans le voisinage dangereux de l'ennemi. Les principes fondamentaux restent absolument les mêmes, qu'il s'agisse des opérations et des dispositions des petites et des grandes unités, et, par conséquent, ils doivent aussi trouver leur application dans les questions d'instruction qui concernent ces dispositions et ces opérations. Dans le cas présent, le principe fondamental est celui-ci : *se prémunir autant que possible contre toutes les éventualités, afin de n'être jamais pris au dépourvu.* Le conseil de Napoléon n'est qu'un procédé pratique pour satisfaire à ce principe. C'est précisément aussi ce conseil qui sert de base aux règlements de manœuvres, en ce sens qu'ils renferment les moyens de passer de chaque formation à une autre formation quelconque. Toutefois, je le répète, les règlements ne présentent ces moyens que comme *des types,* mais non pas comme les seuls qui répondent à toutes les éventualités du combat. Par les exemples qui vont suivre, le lecteur se convaincra encore plus clairement que les évolutions réglementaires *ne sont que des types ;* et, en même temps, que toute tentative pour introduire dans le cadre du règle-

Si le chef de compagnie, en parcourant la série des exercices, a trouvé une réponse à chacune de ces questions, sur toute espèce de terrain, — c'est-à-dire s'il a formé tout son monde à accepter avec calme toutes les situations qui dépendent du terrain, de la nature de l'adversaire, de la distance et de la direction de son apparition, — ni la compagnie, ni le chef de compagnie, ne seront pris au dépourvu par aucune éventualité.

34. *La règle générale qui se pose dans la résolution de toutes les questions, c'est de mettre, avant tout, chacun de ses hommes face à l'ennemi supposé* et de ne commencer qu'ensuite à prendre la formation et à agir.

Remarque. On verra par ce qui suit qu'il n'y a point d'évolutions qu'on ne puisse exécuter avec les commandements réglementaires. Par conséquent, la partie fondamentale du règlement,

---

ment toutes les évolutions qui peuvent être suscitées par les éventualités du combat, serait positivement insensée. Il faut s'en remettre à l'inspiration et à l'initiative des commandants de troupes, pour créer au moment du besoin les combinaisons nécessaires.

c'est-à-dire la langue des commandements, reste immuable.

Dans l'énoncé des problèmes à résoudre, le lecteur rencontrera certains cas où on suppose l'apparition inattendue de l'ennemi à la distance la plus rapprochée, et pourra se demander s'il est admissible que, par négligence, la présence de l'ennemi ne puisse être soupçonnée qu'à 100 pas de la compagnie. — Oui, en réalité, des cas semblables se sont produits, et par conséquent il n'y a pas de raison pour les laisser de côté dans l'instruction. Sans doute, il vaut mieux tâcher qu'ils n'aient pas lieu; mais si, par malheur, un cas pareil survient, il faut être prêt à se tirer d'affaire promptement et avec honneur.

35. *Les chefs ne doivent point ériger en types invariables, entraînant toujours une exécution identique, les évolutions extra-réglementaires.* Car, précisément, ces évolutions n'ont pas d'autre destination que de développer l'habileté à adapter les types réglementaires des formations — au terrain et aux circonstances. Il faut bien s'entendre à ce sujet; ce ne sont point des exercices de mémoire qu'on demande aux officiers. Ce qu'on cherche, c'est à leur apprendre à se tirer d'affaire avec calme, en face d'un imprévu, et non pas à leur donner la mauvaise habitude de ne rien pouvoir faire sans répétition.

36. En exécutant des évolutions extra-
réglementaires, il convient d'observer ce
qui suit : 1° exiger que ces évolutions
soient accomplies avec la précision des
manœuvres ordinaires : même régularité
dans les commandements, même calme et
même promptitude dans l'exécution, même
silence et même immobilité à la fin de la
formation ; 2° ne pas s'attacher, dans les
premiers temps, à ce que l'exécution soit
immédiate, pour laisser aux cadres, aux
différents degrés de la hiérarchie, la faculté
de réfléchir un instant, après le commandement du chef de compagnie ; 3° ne pas
perdre de vue que les évolutions de ce
genre ont pour but d'apprendre à savoir se
conformer rapidement à toutes les éventualités du combat, et, par suite, choisir
pour les exécuter des situations qui fassent
voir bien clairement à chacun à quel propos
elles peuvent être utiles.

Ainsi : ne pas déployer à gauche une colonne par la gauche (ou à droite une colonne
par la droite) dans un endroit également
favorable au déploiement sur les deux flancs
et où, par conséquent, il n'y a aucune raison pour ne pas se former dans l'ordre
naturel ; mais en revanche, saisir le moment
où, pendant la séance, la compagnie passe

à côté d'un obstacle infranchissable quelconque : fossé profond, mur, haie, etc., pour exécuter le mouvement en question.

4° S'il s'agit d'une attaque à droite, à gauche ou en arrière, après un avertissement dans le genre de celui-ci, par exemple : « *Attaque sur tel objet* », commander : « *Telle fraction en chaîne à droite (ou à gauche, ou en arrière), pas gymnastique, marche* ». Et, si l'objet de l'attaque est tout près, marcher à l'attaque, même sans envoyer de chaîne, en faisant les commandements nécessaires pour l'assaut à la baïonnette.

37. Il faut bien inculquer aux hommes, à force de le leur rappeler et de le leur expliquer, que tant que l'infanterie fait face à la cavalerie, elle n'a rien à craindre de cette dernière. Par suite, il n'y a qu'une seule chose à enseigner aux soldats : c'est que tous ceux qui se trouvent le plus rapprochés d'une troupe de cavalerie qui a déjà rompu la formation, ou débordé ses flancs, doivent se tourner tout simplement face à elle.

38. Par suite de sa nature, la cavalerie, si nombreuse qu'elle soit, ne peut agir sur l'infanterie, avec un nombre de cavaliers supérieur à celui qui correspond aux dimensions du front de l'infanterie. Si donc ce front est long, toute troupe de cavalerie, qui ne tourne pas bride, est sûre de l'enfoncer ; si ce front est très étroit, la cavalerie passera à coup sûr dans les intervalles. Ainsi donc, *pour recevoir une attaque de cavalerie, il faut préférer les formations qui permettent au plus grand nombre d'hommes de tirer sur elle et n'exposent immédiatement à ses coups que le plus petit nombre d'hommes possible.*

39. Il ne faut exécuter d'attaque : 1° que sur des objets visibles ; 2° qu'en observant scrupuleusement les distances prescrites par le règlement pour croiser la baïonnette et se lancer en criant : hourra ! 3° qu'après avoir indiqué à tout le monde, avant de commencer, — quel est l'objectif de l'attaque ; 4° il ne faut enfin jamais arrêter qu'après avoir traversé la ligne sur laquelle on suppose l'ennemi. Toute marche à l'assaut de l'ennemi, à quelque distance qu'elle se produise, doit se faire à un pas nerveux, vif et rapide ; on s'aligne sur les plus avancés ; on n'admet pas de retardataires ; et, à la distance du hourra, on se lance à la course à toute vitesse ; quand l'assaut est fini, il faut exiger, sans perdre une seconde, le rétablissement de l'ordre et de la formation.

Exemples.

40. La manière recommandée pour lire ces exemples est la suivante : parcourir avec soin l'énoncé, résoudre le problème soi-même et ne lire qu'ensuite la solution proposée ici : celle des deux solutions qui sera la plus simple et la plus prompte à exécuter sera aussi la meilleure. On conseille de combiner les évolutions, de manière à ce que la fraction de la compagnie, qui est la plus rapprochée de l'ennemi, n'ait pas à exécuter de déplacements latéraux ; car cette fraction doit toujours être en état d'agir.

Les autres fractions de la compagnie doivent être mises aussi en état d'agir, le plus rapidement possible. Il faut, dans chaque solution, supputer avec soin le temps qui est nécessaire à l'adversaire pour franchir la distance qui le sépare de nous. L'infanterie parcourt environ 110 pas à la minute, en marchant au pas, et 175 pas, en courant, mais à une vitesse modérée s'entend ; la course rapide, employée au moment de l'assaut pendant les 30 ou 50 derniers pas au plus, n'est pas une allure de manœuvre.

La cavalerie parcourt environ, à la minute :
150 pas au pas, 300 pas au trot, 400 pas au
galop et 600 à 800 pas au galop de charge,
pendant la première minute à cette allure.
Aux distances qui ne dépassent pas 900 pas,
la cavalerie se jette immédiatement sur
l'infanterie, au galop ; mais, si la distance
est plus grande, elle s'avance au trot jusqu'à 900 pas.

Remarque. Les avertissements et les commandements du chef de compagnie sont imprimés en
italiques.

Problèmes.

1) En face, infanterie ennemie, à 1500,
500, 300, 100 pas ;

2) En avant vers la droite, infanterie
ennemie, à 1500, 500, 300, 100 pas ;

3) Sur le flanc droit, infanterie ennemie,
1500, 500, 300, 100 pas ;

4) En arrière vers la droite, infanterie
ennemie, à 1500, 500, 300, 100 pas, près de
l'arbre ;

5) En arrière, infanterie ennemie, à 1500,
500, 300, 100 pas ;

6) En arrière vers la gauche, infanterie
ennemie, à 1500, 500, 300, 100 pas, à la
cabane ;

4.

7) Sur le flanc gauche, infanterie ennemie, à 1500, 500, 300, 100 pas;

8) En avant vers la gauche, infanterie
ennemie, à 1500, 500, 300, 100 pas;

Mêmes problèmes avec de la cavalerie.

Mêmes problèmes avec de l'artillerie.

A. Colonnes de route.

41. *Remarque.* La compagnie est en
colonne par le flanc, la droite en tête.

Problème 1.

Avertissement du chef de compagnie :
*En avant vers la droite, infanterie à 1500
pas sur la défensive (ou attaque).*

Commandements : 1) *Oblique à droite;* 2)
Sections à gauche en ligne; 3) *Section de
tête, en tirailleurs;* 4) *Ligne déployée.*

La compagnie se déploie dans l'ordre
ordinaire, puisqu'elle en a tout le temps.
Après quoi, on peut : ou bien continuer le
problème, c'est-à-dire attaquer, ou se défendre, — ou bien donner l'avertissement :
Infanterie repoussée; après cela, on revient
à la formation initiale, dans ce cas-ci, — à
la colonne par le flanc.

Problème 2.

Avertissement : *En avant vers la droite, infanterie à 500 pas.*

Même solution ; seulement, pour gagner du temps, le dernier commandement est : 4) *A droite ligne déployée.* Les sections se trouvent inversées.

Problème 3.

Avertissement : *En avant vers la droite, infanterie à 300 pas.*

Commandements : 1) *Oblique à droite* ; 2) *Sections à gauche en ligne, pas gymnastique* ; 3) *A droite ligne déployée, pas gymnastique* ; 4) *Chargez armes, joue ; attention, feu* ; 5) *Guide au centre, en avant marche. Tambours, la charge. Hourra !*

Ici on voit que le temps manque, non seulement pour éviter une inversion, mais même pour envoyer des tirailleurs. A mon avis, il vaut même mieux ne pas faire la salve, si la compagnie n'est pas bien rassise.

Problème 4.

Avertissement : *En avant vers la droite, infanterie à 100 pas.*

Commandements : 1) *Oblique à droite* ; 2) *Croisez la baïonnette, hourra !*

Ici, pas de salve avant de se lancer à l'assaut et aucune possibilité de modifier la formation ; mais les derniers rangs rattrapent, tout en marchant, les premiers.

C'est en résolvant de semblables problèmes que chacun verra dans quels cas il est possible et permis de prendre les formations du règlement, et en même temps, se convaincra qu'il y a des situations où, faute du temps nécessaire, chercher à les réaliser — serait marcher à une perte certaine.

Avant tout, il faut se mettre en état d'agir, peu importe dans quelle formation.

Après l'attaque, il convient d'exiger toujours que les hommes se reforment en ordre compact et s'alignent, sans perdre un instant.

Problème 5.

Avertissement : *En arrière, cavalerie attaque à 1500 pas.*

Commandements : 1) *Demi-tour à droite ;* 2) *Sections en ligne, pas gymnastique ;* 3) *Feu de compagnie ;* 4) *Section de tête à genou, Sections de queue en échelons ;* 5) *Joue.*

Avertissement : *Cavalerie à 200 pas.*

Commandements : 6) *Feu ;* 7) *Croisez la baïonnette !*

Aux deux premiers commandements, la compagnie fait demi-tour et forme les sections : au troisième, la section de tête met genou terre ; celle qui la suit immédiatement serre tout contre ; les deux autres déboîtent à droite et à gauche et forment échelon derrière les premières.

A l'avertissement : *Cavalerie repoussée*, une salve ou deux sur ses talons. Les sections se remettent à leurs places et on se reforme par le flanc.

On peut aussi résoudre ce problème comme il suit : 1º former les colonnes de peloton et faire déboîter la seconde derrière la première ; 2º déployer les pelotons, en faisant déboîter le second en échelon, ou en le faisant serrer sur le premier ; 3º déployer la compagnie.

Nous préférons la formation par sections, pour la raison, déjà mentionnée plus haut, qu'elle présente un front plus étroit au choc immédiat.

Questions proposées : Quels seraient les changements qui se produiraient dans la formation et le mode d'action si la cavalerie attaquait dans la même direction à 500 pas, à 300 pas et même plus près encore ? Qu'adviendrait-il si l'un des flancs, le droit ou le gauche, était couvert par un fossé profond, un ruisseau, etc?

Problème 6.

Avertissement : *Sur le flanc droit, cavalerie attaque à 500 pas.*

Commandements : 1) *Par le flanc gauche, halte* ; 2) *Chargez armes, joue.*

Avertissement : *Cavalerie à 200 pas.*

Commandements : 4) *Feu* ; 5) *Croisez la baïonnette !*

Avertissement : *Cavalerie repoussée.* Une salve ou deux sur ses talons et revenir à la colonne de route.

Si la cavalerie attaque à 300 pas, le temps manquera pour faire une salve ; si elle attaque à 100 pas, il sera encore possible pour la colonne par le flanc — de faire front à droite. Mais, si la compagnie marchait en colonne à distance entière, il faudrait se contenter de commander dans chaque section par le flanc droit et de croiser la baïonnette.

Au contraire, si la cavalerie n'est qu'à 1500 ou 1000 pas, on peut, dans tous les cas, faire front à droite et avancer les sections du centre d'une cinquantaine de pas, ce qui donnera une formation en échelons sur le centre, avantageuse en terrain découvert. Dans ces circonstances, une compagnie en marche, en ligne de colonnes de peloton par le flanc, peut former la ligne de colonnes de peloton à droite et prendre à volonté un dispositif en échelons. Que faut-il faire quand le chemin est bordé de fossés?

Problème 7.

Avertissement : *En arrière vers la gauche, cavalerie attaque à 700 pas, près de la cabane.*

Commandements : 1) *Demi-tour à droite;* 2) *Oblique à droite;* 3) *Sections en ligne, pas gymnastique;* 4) *Chargez armes;* 5) *Rentrez les flancs.*

Avertissement : *Cavalerie à 200 pas.*

Commandements : 6) *Compagnie, joue; feu;* 7) *Croisez la baïonnette!*

Avertissement : *Cavalerie repoussée. Salves sur ses talons,* puis : *En ligne les flancs et retour à la colonne de route.*

Remarque. Le flanc droit des 1re, 2e et 3e sections reste en arrière, de façon à ne pas masquer les feux des sections placées derrière; mais les hommes continuent néanmoins à faire face à l'ennemi. On peut arriver aussi à ce résultat sans commandement spécial, en faisant le commandement « Halte » assez vite après le commandement « Sections en ligne », pour que le mouvement ne s'achève pas.

Encore un problème : *Cavalerie arrêtée à 2,000 pas sur le flanc* (ou dans toute autre direction).

Solution : ne pas se déranger ; seulement envoyer une patrouille pour l'observer et exécuter soi-même les ordres qu'on a reçus primitivement, c'est-à-dire marcher si on marchait, rester en position si on se trouvait en position. Mais, si la cavalerie fait mine d'attaquer, alors on prend ses mesures.

En règle générale, avec la cavalerie, il ne faut pas se déranger, — uniquement parce qu'elle se montre, — du moment qu'elle n'a pas l'air de marcher sur nous. On a vu pourtant, aux manœuvres, de l'infanterie qui s'arrêtait dès qu'elle apercevait de la cavalerie, alors que cette dernière ne songeait guère à l'attaquer.

42. Au moyen des exemples précédents, on se convaincra facilement que les formations peuvent atteindre une souplesse presque indéfinie, et, sans parler des officiers, le dernier soldat parviendra lui-même, par ce procédé, à voir clairement la cause de chaque écart aux formes du règlement.

Il faut, en cherchant à résoudre chaque problème, être constamment bien pénétré d'une chose : c'est qu'on doit avant tout mettre le plus vite possible son monde face à l'ennemi (1), et en état d'agir, et que le mode de formation ne passe qu'en seconde ligne. On peut, suivant les distances, adopter quelquefois la formation la plus avantageuse, sans déroger au règlement, et avoir le temps de tirer avant de se servir de la baïonnette. D'autres fois, on peut, grâce à une simple inversion, arriver encore à tirer, avant de croiser la baïonnette ; d'autres fois enfin, on réussit encore, en sortant du règlement, à prendre une formation avantageuse, avant de travailler à la baïonnette. Mais il y a des cas où il faut se résigner à rester dans la formation où l'on se trouve, en se bornant à mettre chaque homme face à l'ennemi, et se contenter de jouer de la baïonnette.

43. Règle générale pour les chefs : en présence des solutions les plus ineptes, sur

------

(1) Chaque homme individuellement d'abord ; chacune des fractions ensuite.

le terrain de manœuvre, il faut savoir conserver le calme le plus imperturbable, se
faire exposer les raisons qui ont paru mo-
tiver ces solutions et même, si les explications fournies n'ont aucune valeur, propo-
ser les rectifications comme un conseil pour
mieux faire, en évitant soigneusement de
prendre un ton ou de laisser échapper des
expressions qui puissent blesser l'amour-
propre.

44. *Il est très important et même obligatoire, si c'est le moins du monde réalisable,
de figurer l'attaque de la cavalerie, quand ce
ne serait que par quelques cavaliers isolés ; on
peut alors supprimer les avertissements et
faire tout simplement les commandements nécessaires, suivant les distances et la direction.*

45. Tous ces problèmes se résolvent facilement contre l'artillerie, car ils ne de-
mandent pas la même rapidité que pour la
cavalerie. Ils consistent : soit dans l'attaque d'une batterie, soit dans les mesures à
prendre pour se mettre à l'abri de son feu.

L'attaque d'une batterie se fait toujours
au moyen de la chaîne ; la réserve se dirige
contre le soutien de la batterie.

Pour se préserver du feu de l'artillerie, on peut : 1º utiliser les couverts; le moindre pli de terrain parallèle au front de la batterie peut suffire pour cela; 2º faire coucher ses hommes; 3º prendre une formation mince et peu dense; 4º avancer dans la direction du tir, si l'on remarque que l'artillerie commence à régler son tir sur la compagnie, c'est-à-dire si l'on s'aperçoit que les projectiles commencent à tomber plus souvent dans le voisinage de la compagnie; 5º combiner tous ces moyens : par exemple, se coucher dans un pli de terrain, quand il n'est pas assez profond pour cacher les hommes debout; — se déplacer, si l'on remarque que la batterie a réglé son tir de manière à fouiller ce pli de terrain; — si le couvert est étroit, adopter une formation plus profonde au besoin, mais plus conforme à ses dimensions, etc.

Colonnes serrées.

B. Ligne de colonnes de peloton.

Problème 1.

46. Avertissement : *En arrière vers la gauche, infanterie à 1500 pas.*

Commandements : 1) *Par le flanc gauche;* 2) *Oblique à gauche;* 3) *Telle section en chaîne* (la plus voisine de l'ennemi); 4) *A gauche ligne déployée.* Puis les commandements ordinaires pour l'attaque et la défense.

Problème 2.

Avertissement : *A gauche, cavalerie attaque, 500 pas.*

Commandements : 1) *Par le flanc gauche;* 2) *Sections à droite et à gauche en ligne;* 3) *Dernières sections en échelons;* 4) *Chargez armes, joue.*

Avertissement : *Cavalerie à 200 pas.*

Commandements : 5) *Compagnie, feu.*

Avertissement : *Cavalerie repoussée.* Salves sur ses talons et revenir à la formation initiale.

Problème 3.

Avertissement : *En arrière, cavalerie attaque, 500 pas.*

Commandements : 1) *Demi-tour à droite;* 2) *Chargez armes;* 3) *Sections de tête, genou terre.*

Avertissement : *Cavalerie à 200 pas.*

Commandements : 4) *Compagnie, feu;* 5) *Croisez la baïonnette,* etc., etc.

Si l'attaque a lieu de front à 700 pas, ou de dos à 800 pas, on peut porter les sec-

tions les plus voisines de l'ennemi un peu
en avant et faire déboîter les autres en
échelons à droite et à gauche.

C. Colonnes de compagnie.

Problème 1.

47. Avertissement : *A droite, infanterie
attaque, à 1000 pas.*

Commandements : 1) *Première (ou quatrième) section, à droite, en tirailleurs; 2)
Par le flanc droit, par section par file à
droite; 3) Par le flanc gauche, halte.*

Problème 2.

Avertissement : *A gauche, cavalerie attaque, à 700 pas.*

Commandements : 1) *Par le flanc gauche,
halte; 2) Chargez armes, les deux premiers
rangs à genou.* (Les files suivantes bouchent
les intervalles.)

Avertissement : *Cavalerie à 200 pas.*

Commandements : 4) *Feu de quatre rangs,
joue; feu; 5) Croisez la baïonnette. — Cavalerie repoussée.* Salves et retour à la colonne
de compagnie.

Problèmes 3 et 4.

Avertissement : *En avant vers la gauche,*

cavalerie attaque à 1500 — 700 — 300 — 100 pas.

1º Avertissement : *A 1500 pas.*

Commandements : 1) *Oblique à gauche ;* 2) *Sections en ligne ;* 3) *Sections de tête à 50 pas en avant ; les deux dernières en échelons à droite et à gauche ;* 4) *Chargez armes, joue.*

Avertissement : *A 200 pas.*

Commandements : 5) *Feu ;* 6) *Croisez la baïonnette, etc.*

2º Avertissement : *à 700 pas.* — Se borner aux deux premiers commandements, c'est à-dire à mettre la colonne face à l'ennemi, puis commander : *Chargez armes, section de tête à genou,* et attendre le moment pour faire la salve avec calme, etc. etc.

Colonnes à distance entière.

48. Le nouveau règlement ne comprend qu'une seule colonne à distance entière, c'est la colonne par sections. Bien que cette colonne ne soit pas une formation de combat, elle est admise quelquefois comme colonne de route.

D. Colonne par sections a distance entière.

Problème 1.

49. Avertissement : *En avant vers la droite, cavalerie attaque à 500 pas.*

Commandements : 1) *Oblique à droite ;* 2) *Sections en ligne ;* 3) *Rentrez les flancs ;* 4) *Chargez armes, joue,* etc.

Au deuxième commandement, les sections redressent leur front perpendiculairement à la direction de l'ennemi ; au 3ᵉ, le flanc intérieur des trois premières sections rétrograde, pour ne pas cacher les feux des sections suivantes.

Problème 2.

Avertissement : *Attaque de cavalerie à droite à 800 pas (et au delà).*

Commandements : 1) *Par le flanc droit ;* 2) *Sections en ligne ;* 3) *Sections du centre en avant à 20 pas ;* 4) *Chargez armes,* etc.

Problème 3.

Avertissement : *Cavalerie en arrière à 800 pas (ou au delà).*

Commandements : 1) *Demi-tour à droite ;* 2) *Chargez armes ;* 3) *Deuxième section, serrez, celle de tête à genou, les dernières en échelon,* etc.

E. Ligne déployée.

Problème 1.

50. Avertissement : *En face, cavalerie attaque à* 700 *pas* (ou au delà).

Commandements : 1) *Sections du centre, 40 pas en avant ;* 2) *Chargez armes,* etc.

Si la cavalerie attaque à moins de 700 pas, il vaut mieux ne pas faire avancer les sections du centre, faute de temps.

Problème 2.

Avertissement : *A gauche, cavalerie à* 700 *pas* (et au delà).

Commandements : 1) *Par le flanc gauche ;* 2) *Les deux premières sections — en ligne ; troisième et quatrième — par file à droite et à gauche, par le flanc gauche et par le flanc droit, halte ;* 3) *Chargez armes ;* 4) *1re section — genou terre ; 2e section — serrez,* etc.

Les mouvements de formation se font au pas de course ; on peut aussi déployer la compagnie face à gauche.

Problème 3.

Avertissement : *En avant vers la gauche, cavalerie attaque à* 700 *pas* (ou au delà).

Commandements : 1) *Oblique à gauche ;*

2) *Sections en ligne, pas gymnastique ;*
3) *Rentrez les flancs,* etc.

On peut aussi au lieu du 3ᵉ commandement, commander : *A droite, ligne déployée.*

Dans toutes les attaques obliques, l'ordre déployé, tout en ayant l'avantage de procurer plus de feux, a l'inconvénient de prendre plus de temps à se former et de présenter une ligne étendue.

Problème 4.

Avertissement : *A gauche, cavalerie attaque,* 600 *pas* (et plus près).

Commandements : 1) *Par le flanc gauche ;* 2) *Croisez la baïonnette.*

Les hommes croisent la baïonnette du côté extérieur à la formation.

51. La solution des problèmes en colonne par le flanc présente beaucoup d'analogie avec celle des problèmes en ordre déployé.

52. Les exemples précédents paraissent suffisants pour faire voir l'esprit de ces exercices. Il faut bien se garder surtout d'avoir des formes de prédilection. Quant aux solutions elles-mêmes, elles provoqueront probablement les objections suivantes :

5.

1° pourquoi ne pas admettre plus d'une salve contre la cavalerie ? pourquoi avoir évité partout les conversions ?

Réponse à la première question : D'abord, *la supériorité morale, c'est-à-dire la plus importante de toutes, reste à la salve, tant qu'elle n'est pas encore tirée.* L'attente d'une salve est bien plus pénible pour les nerfs de la cavalerie qu'une salve déjà essuyée. En second lieu, le tir, surtout s'il est répété, agite les hommes, tandis que pour recevoir une attaque de cavalerie, il faut un calme imperturbable. En troisième lieu, il n'est pas facile, de loin, de bien viser sur un but qui vient rapidement sur le tireur ; les balles se perdront dans l'air, en n'inspirant que du mépris pour notre feu.

Réponse à la deuxième question : En ce qui concerne l'infanterie, je ne considère pas les conversions comme d'un bon emploi sur le champ de bataille, car elles mettent l'homme dans un état de tension extrême ; il faut conserver la liaison d'un côté, s'aligner d'un autre, aller dans une troisième direction et, au surplus, sur un arc et non sur une ligne droite.

Cette évolution est empruntée à la cavalerie, à l'esprit et aux propriétés de laquelle elle correspond tout à fait. Mais elle est difficile pour l'infanterie et ne correspond pour elle qu'aux exigences du temps de paix.

On fera peut-être encore une observation, c'est que la plupart des exemples traités sont relatifs à une attaque de cavalerie ; mais, n'est-ce pas en effet l'arme la plus rapide et, par conséquent, celle qui impose les solutions les plus promptes et les moins réfléchies ?

Observations générales relativement aux formations et à leurs métamorphoses.

53. Les changements proposés aux types réglementaires paraîtront peut-être superflus, insolites pour les yeux et même compliqués d'exécution. Pour la superfluité, il est difficile de l'admettre, à moins qu'on ne prouve que le conseil de Napoléon, qui a été pris comme point de départ de ces exercices, n'est pas applicable à l'instruction. Mais alors, il paraît nécessaire de démontrer aussi que l'ennemi n'osera jamais se montrer que de front, ou à grande portée de canon ; et qu'il est inadmissible de supposer qu'il puisse apparaître à l'improviste sur nos flancs, ou par derrière. Quant à ce que de semblables formations peuvent avoir d'insolite pour les yeux, est-ce même la peine d'y faire attention ? Car l'œil est souvent trompeur, surtout lorsqu'il a déjà adopté certaines habitudes. Toute formation, dans un but d'action, doit, à ma conviction, être envisagée seulement au point de vue de la simplicité de l'exécution et de la convenance pour l'action. Qu'elle soit jolie ou non, cela n'est pas la question ; car la beauté est une chose relative, et, dans le cas actuel, il faut avant tout avoir en vue, non pas la beauté extérieure, mais la beauté intrinsèque, c'est-à-dire la conformité de la forme et du but à atteindre, conformité qui se traduit ici par la manière plus ou moins efficace dont la formation contribue, dans les circonstances données, à employer contre l'ennemi la balle et la baïonnette, dans les meilleures conditions de rendement possible. Si la formation adoptée supporte la critique, à ce point de vue et sous le rapport de la simplicité d'exécution, elle me paraît irréprochable.

Mais à quoi donc reconnaître si une formation donnée contribue effectivement, — dans la mesure que comportent le terrain et le temps dont on dispose, au meilleur rendement de l'arme correspondante ? En lui appliquant les questions suivantes, qui

fourniront les éléments d'appréciation, destinés à trancher la question posée sous
cette forme générale :

1° *S'agit-il d'une formation pour l'emploi
des feux*, alors : quel est le nombre
d'hommes auxquels elle permet de tirer
face à l'ennemi (je ne parle pas du tir
oblique qui est mauvais) ? Les fractions en
arrière peuvent-elles assister leurs compagnes avec leur feu, c'est-à-dire balayer le
terrain devant elles ou sur leurs flancs ?
N'y a-t-il pas une formation plus rapide et
plus facile à réaliser, en partant de la formation initiale, et celle qu'on a choisie
est-elle la meilleure de toutes (bien entendu
dans le même but) (1) ?

---

(1) Il y a encore une condition à laquelle doivent satisfaire les formations de combat; c'est
d'être mobiles, maniables et de donner le moins
de prise possible aux feux de l'ennemi. Mais, en
ce qui concerne les formations pour le meilleur
emploi du tir, il est superflu d'introduire cette
condition: attendu, d'abord, qu'on ne tire pas en
marchant, et en second lieu, si la formation est
avantageuse pour tirer, c'est qu'elle est longue et
mince, et par conséquent elle donne en même
même le moins de prise possible aux feux de
l'ennemi.

2° *S'agit-il au contraire d'une formation pour l'assaut à la baïonnette :* ne renferme-t-elle rien qui puisse nuire à la rapidité du mouvement ? rien qui empêche de jouer de la baïonnette pour soutenir les camarades ? Combien d'hommes peuvent prendre part au choc immédiat ? N'y aurait-il point, en partant de la formation primitive, une formation plus rapide et plus simple à réaliser que celle qui a été adoptée ? N'offre-t-elle pas inutilement prise aux feux de l'ennemi ?

Si ces questions, appliquées à la formation de combat qu'on a spécialement en vue, reçoivent toutes une réponse affirmative, c'est qu'elle est bonne, quelque insolite qu'elle puisse paraître aux yeux.

Dans la pratique de l'instruction — j'en parle par expérience, — tous ces exercices ne présentent pas la moindre difficulté. Il faut seulement bien indiquer, chaque fois, la direction d'où vient l'ennemi et ne pas exiger, dans les premiers temps, une exécution instantanée, ou, ce qui revient au même, précipitée; en un mot, il faut donner le temps de se reconnaître.

54. Ce mode d'instruction, outre l'habitude de se trouver face à face avec l'imprévu, procure encore un autre résultat,

— c'est d'inculquer des notions pratiques de tactique aux officiers et même aux soldats Car la partie essentielle de la tactique, appliquée à l'infanterie en particulier, consiste précisément à savoir : *où, quand et comment* il faut employer *la balle* ou *la baïonnette*, et conséquemment : *où, quand et comment* il vaut mieux *former sa troupe*. A ce point de vue, le procédé d'instruction proposé mérite à bon droit d'être qualifié de cours pratique de tactique sur le terrain, dans lequel tout s'explique par les faits eux-mêmes et non pas seulement avec des phrases.

Un autre avantage encore de ce mode d'instruction c'est de démontrer, aussi par des faits et sans longue argumentation, la nécessité de faire varier à l'infini la forme extérieure (1) de l'ordre de combat, même

____

(1) Nous parlons bien entendu de la variation de la *forme extérieure* et non de l'essence de l'ordre de combat. Car celle-ci reste toujours la même et consiste *dans l'assistance mutuelle de tous les éléments qui font partie de l'ordre de combat*. C'est l'intuition instinctive de l'unité de ce principe, sur lequel reposent tous les ordres de combat, qui a engendré l'opinion erronée : qu'on pouvait aussi ramener ces ordres de combat à un

pour des unités aussi minimes qu'une compagnie. Dans l'application, on peut s'en convaincre ici, la connaissance la plus approfondie des règlements et des instructions — si bien rédigés qu'ils soient — n'est qu'un instrument entre les mains d'un homme qui n'en connaît point la destination, tant qu'on ne fait pas entrer en jeu — le coup d'œil, l'intelligence et la volonté de l'officier et même du soldat. Seul le coup d'œil permet de remarquer toutes les circonstances, — seule l'intelligence les apprécie et les met en balance, — seule la volonté décide ce qu'il faut entreprendre.

Et ce n'est que lorsque la décision est prise, que la mémoire entre en scène, pour puiser dans les règlements et les instructions ce qui est nécessaire pour mettre la décision à exécution. Mais ici encore, la

------

type unique, ou sinon à un très petit nombre de types. On a cru pouvoir embrasser le principe unique dans les contours d'un dessin ou d'un petit nombre d'épures, sans se rendre compte qu'une idée peut être simple jusqu'à l'extrême, tandis que les formes qui la matérialisent sont indéfiniment variées. Un croquis ne figure absolument qu'un cas particulier quelconque, mais il ne saurait être la représentation d'une idée générale.

mémoire n'agit que sous la conduite de l'intelligence. Car ici tout est basé sur la compréhension et non sur le bagage d'instruction ; sur l'exécution consciente de la pensée du chef et non sur la reproduction machinale de formes apprises, sans même penser à quoi chacune d'elles peut s'appliquer, et quand elle sera de saison ou non.

55. En se reportant aux exemples où l'ennemi supposé attaque à petite distance, soit en flanc, soit même de face, on voit, d'après les formations adoptées, à quel point il est désavantageux d'essuyer une attaque dans ces conditions et, par conséquent, avec quel soin il faut prendre des mesures pour éviter cette fâcheuse éventualité. Ces mesures consistent à établir, sur son front, sur ses flancs et sur ses derrières, un système d'observation permanent, non seulement pendant la marche, mais encore pendant le combat. L'observation devant le front, grâce à l'emploi de l'ordre dispersé, se réalise d'elle-même ; mais tout le monde ne l'exécute pas toujours sur les flancs, et *c'est pourquoi nous insistons pour qu'on y consacre une attention toute particulière et qu'on ne l'omette jamais.* D'autant plus que, si les flancs sont bien gardés et à la distance voulue, alors une attaque imprévue par derrière devient extrêmement improbable.

56. Les exemples proposés ne sont pas les seuls à pratiquer, car il suffit de modifier, tant soit peu, la direction et la distance de l'ennemi pour constituer un nouveau problème, sans même parler du terrain. Quant aux solutions, elles ne sont pas données comme les meilleures ; elles me paraissent bonnes et satisfaisantes, mais je puis être dans l'erreur. La vraie manière de les vérifier, c'est de leur appliquer les questions qui ont été énoncées plus haut. Plus vous arriverez ainsi à découvrir de défectuosités dans les solutions proposées et mieux cela vaudra ; car cela prouvera que vous avez réfléchi à la chose, et que vous vous en occupez sérieusement.

57. Mais, en appliquant ce procédé d'instruction, il faut bien se garder de se forger un certain nombre de variantes sur les types réglementaires, et de les répéter indéfiniment, pour arriver à les exécuter en perfection. Cela ne ferait plus l'affaire. Ce n'est pas apprendre le métier que de se confiner dans quelques cas particuliers ; car alors adieu la réflexion et l'inspiration. Il est bien entendu aussi que le mode d'instruction, proposé ici pour la transformation des types réglementaires, n'admet point de répétitions préalables en vue des inspections ; car il est impossible de deviner d'avance les problèmes qui seront posés par l'inspecteur, et, par suite, il faut être prêt à résoudre *toutes* les questions en général et non pas en élaborer d'avance quelques-unes seulement.

58. Il est indispensable, quand on prend ses dispositions contre une attaque de cavalerie, de porter son attention sur une circonstance de plus, — je veux parler de la supputation du temps. A mon avis, il est nécessaire, dans ce cas, que, toutes dispositions prises, la compagnie reste en place, sans avoir rien à exécuter, au moins un quart de minute avant le choc prévu ; mieux vaut plus que moins, car calmer la troupe avant cet instant critique est une chose si importante, je crois, qu'il vaut mieux au besoin faire le sacrifice de la salve.

Dans le but de gagner du temps, quand on a affaire à la cavalerie, il me paraît nécessaire aussi de supprimer dans les commandements tous les mots non essentiels, surtout dans les commandements préparatoires. Par exemple pour le tir, se contenter de commander : Chargez armes ; — pour faire feu, se dispenser d'indiquer le but et la distance, car le but est bien évident pour tout le monde, et il suffit de viser aux pieds des chevaux avec la ligne de mire naturelle. Que ceux qui pourraient trouver cette dernière observation mesquine veuillent bien vérifier, montre en main, le temps que prennent les commandements, et ne pas oublier que, dans une affaire contre la cavalerie, tout peut quelquefois dépendre du gain de quelques secondes.

MANOEUVRES

AVEC BUT TACTIQUE.

---

59. Les manœuvres avec but tactique ont pour but de développer, chez les chefs et dans la troupe, l'art de prendre la position la plus avantageuse relativement à l'adversaire et de surmonter les obstacles du terrain, ou d'en utiliser les acidents pour se couvrir, aussi bien pendant les marches que pendant le combat. Si la série des exercices sur le règlement appliqué est parcourue comme il convient, nous ne pouvons pas nous figurer de circoustances, dans lesquelles la compagnie puisse être prise au dépourvu, par n'importe quelle éventualité.

MARCHES

60. On arrivera facilement et promptement à apprendre aux chefs et à la troupe à fixer leur attention sur le terrain pendant les marches, pourvu qu'on sache bien tirer parti du temps, au lieu de le gaspiller comme maintenant, sans profit pour l'instruction, dans les marches qui servent à se rendre à la place d'exercices, au terrain de manœuvre, au champ de tir, au polygone de gymnastique, et à en revenir.

Un bon instructeur doit savoir commencer à exercer son monde, dès le moment même où la compagnie quitte le lieu, où elle est installée, et ne cesser que lorsqu'elle est revenue au même endroit : c'est un double avantage : économie de temps d'une part et, de l'autre, utilisation de chaque pas au profit de l'instruction.

Il faut adopter, comme règle invariable, que la compagnie n'opère jamais un déplacement, dans le genre de ceux qu'on vient de citer, sans une avant-garde, précédée elle-même par des patrouilles d'éclaireurs. Quelques instants avant le commencement de la marche, le chef de compagnie détache une dizaine d'hommes, sous la conduite d'un sous-officier intelligent, à qui il a prescrit de cacher ses gens, un par un, sur les côtés de la route, derrière des objets qui se trouvent dans une zone de 100 pas à droite et à gauche du chemin. Ces hommes se réunissent aux patrouilles au fur et à mesure que celles-ci les découvrent.

C'est là une excellente pratique pour développer l'habitude de fouiller le terrain. Elle ne demande point de séances d'instruction spéciales et, en même temps, elle rompt les troupes aux pratiques que réclame la sécurité pendant les marches de guerre. En outre, elle force les hommes à se déshabituer peu à peu de la tendance qu'ils ont toujours à se grouper, en les mettant dans l'obligation de fouiller une étendue de terrain plus ou moins considérable.

61. Tous les hommes de la compagnie doivent, à tour de rôle, faire partie des patrouilles d'éclaireurs et du détachement qui se met dans les cachettes. L'art de se dissimuler adroitement, sur un terrain qui est traversé par l'ennemi, est aussi très utile pour la guerre ; si l'on possède des hommes habiles à ce genre d'exercice, on peut arriver quelquefois à connaître, avec plus de détails et moins de pertes, ce qui se passe chez l'ennemi.

62. A mesure que les hommes se perfectionnent dans cette pratique, on peut augmenter progressivement la zone de terrain à fouiller, jusqu'à 400 pas de chaque côté de la route.

MANŒUVRES DANS LA ZONE DES FEUX.

Observations générales.

63. Pour ce genre d'instruction, il n'y a pas besoin de clairons, et il ne faut employer le tambour qu'au moment de l'assaut final, dans le but d'obtenir le plus d'ensemble et le plus d'élan possible dans le mouvement ; pour les évolutions et les autres mouvements, il convient de se passer de cet instrument : on les fait exécuter en donnant simplement des ordres, et chacun, suivant ses attributions, fait les commandements, comme il convient.

Dans le combat, il importe avant tout de savoir *où l'on va* et *pourquoi l'on va*, et en second lieu seulement, — *quand* et *dans quel ordre il faut aller*. Les deux premiers points — direction et but — ne peuvent s'exprimer qu'aux moyen d'*ordres*. Ces ordres doivent être clairs, brefs, énergiques, indiquant le but avec une grande netteté et n'entrant dans aucun détail d'exécution.

C'est un grand art de donner ainsi des ordres et l'on n'y parvient qu'avec une longue pratique. MM. les officiers, mettez toute votre attention à vous perfectionner dans cet art et, pour cela, n'ayez pas recours aux sonneries et au tambour. C'est une aide qu'il est impossible d'employer sur le champ de bataille.

Remarque. — Avant de commencer l'instruction, il est utile de donner à la compagnie les explications suivantes : « Il faut vous placer dans la chaîne de façon à être à votre aise pour tirer : à cette fin, il faut bien voir l'ennemi, s'il se découvre, et avoir un point d'appui pour votre fusil, afin de bien viser. Le commandant de la chaîne choisit en conséquence une ligne générale pour toute la chaîne; mais il peut y avoir sur cette ligne des hommes qui se trouvent dans des endroits, d'où ils ne voient point l'ennemi. Les chefs d'escouade prescrivent aux hommes, qui sont dans ce cas, de se porter assez en avant de la ligne pour être bien à leur aise pour tirer. Chaque tirailleur prend de lui-même, une fois que son emplacement est déterminé, la position la plus commode pour tirer. Dans tous les cas, la chaîne doit chercher à déborder l'ennemi : car c'est en prenant sa ligne obliquement, ou d'enfilade, qu'il est le plus facile de le déloger. »

64. *Pour toutes les manœuvres dans la zone des feux, le chef de compagnie doit di-*

riger les exercices, de façon à ce que, par tous les ordres qu'elle reçoit et par tous les mouvements qu'elle exécute, la compagnie se sente elle-même en présence de l'ennemi. C'est pourquoi il faut toujours désigner l'endroit où se trouve la chaîne de l'ennemi supposé et celui qu'occupe sa réserve, et bien expliquer ces deux points à la compagnie. Il convient, à cet effet, d'indiquer des objets bien visibles et en même temps avantageux, en réalité, pour la défensive, tels que villages, hauteurs, lisières de bois, remblais de route, positions derrière un passage de riviere, retranchements.

Passage de l'ordre de route à l'ordre de combat.

65. En arrivant à environ un kilomètre d'une position de ce genre, dans un ordre de route donné, il faut prendre la formation de combat, ce qui doit toujours s'effectuer dans le plus grand ordre, c'est-à-dire : *arrêter la tête de la compagnie, ordonner de serrer les distances et ne prescrire qu'ensuite le changement de formation* (1).

---

(1) Quoique l'allongement de la colonne, pour une unité aussi faible qu'une compagnie, ne puisse

Disposition initiale de la chaîne
et de la réserve.

66. L'avant-garde, si elle ne se composait que d'une section, se disperse tout entière en tirailleurs et devient en même temps une ligne d'éclaireurs et une chaîne de combat. Puis elle commence à s'avancer, jusqu'au moment où elle arrive à une distance de la position attaquée, à laquelle on puisse entamer le feu. Alors la compagnie s'arrête et prend position comme cela sera indiqué plus bas (voir § 77 et suivants). La

---

avoir d'influence sensible sur la rapidité du passage à l'ordre de combat, il faut songer que, pour des unités plus considérables, cet allongement devient très nuisible à la bonne exécution de cette évolution, et, par suite, il vaut mieux que l'habitude d'arrêter la tête de la colonne, et de faire serrer les distances, passe en routine. Du reste, si le mouvement s'exécute sur un terrain difficile, couvert de broussailles, à travers un bois, etc., cette habitude est d'une application nécessaire, même pour la compagnie. En revanche, si on se heurte à l'improviste contre l'adversaire, la tête n'attend plus la queue; il faut attaquer vivement avec ce qu'on a sous la main, et le plus tôt sera le mieux, — autrement l'ennemi aura le temps de se reconnaître.

chaîne s'arrête de même, sur les indications de son chef.

Les conseils que renferme le règlement au sujet de l'utilisation du terrain par la chaîne et les réserves sont maintenus dans toute leur vigueur et doivent être connus de tout le personnel de la compagnie. L'on ne propose ici que quelques éclaircissements sur la manière de mettre ces conseils en œuvre.

67. *Quand on a l'ennemi devant soi, il faut, avant tout et toujours, penser à se placer dans les meilleures conditions pour lui nuire. Ce n'est qu'après avoir réalisé cette condition qu'il est permis de penser à se couvrir soi-même.*

68. En partant de là, un tireur, pris séparément, sera bien posté : 1° si, entre lui et la position occupée par l'ennemi, il n'y a point d'objet qui lui cache cette position ; 2° s'il y a un point d'appui pour son fusil ; 3° enfin, s'il se trouve en même temps plus ou moins à l'abri.

Toute position qui cache l'ennemi au tireur doit être rejetée, quand même elle satisferait aux deux dernières conditions, et même toute position qui permet de voir l'ennemi, tout en couvrant le tireur, mais sans présenter de point d'appui pour le fusil, est moins bonne qu'une position qui fournirait ce point d'appui, et où le tireur serait plus à découvert.

69. Le commandant de la chaîne, en tenant compte de toutes ces conditions, choisit la position de la chaîne, détermine la longueur totale de la ligne et sa direction, et indique à chaque escouade son secteur. S'il existe sur le terrain des objets visibles, le commandant de la chaîne désigne les secteurs de la chaîne, au moyen de ces objets; sinon, il indique *le nombre de pas à occuper par chaque escouade* (et non à conserver entre chaque escouade); puis les chefs de secteurs d'escouade, à leur tour, indiquent à chacun de leurs hommes la place qu'ils doivent prendre.

La position de chaque tirailleur est laissée à sa propre inspiration; il ne faut la rectifier que si l'homme s'est mis dans des conditions où il ne lui est pas possible de tirer sur l'ennemi. Quand la chaîne a occupé sa position, le commandant de la chaîne en fait le tour, et rectifie les fautes commises dans l'emplacement des tirailleurs, en s'adressant aux chefs d'escouade. Pendant les premières séances, rien n'empêche que le chef de compagnie lui-même ne vérifie, une fois ou deux, l'emplacement de la chaîne. Dans les débuts, il faut apporter le plus d'attention possible à bien placer les tirailleurs sur la chaîne, et à vérifier leur emplacement, de manière que les tirailleurs et leurs chefs les plus immédiats s'assimilent bien ce à quoi il faut s'attacher pour occuper une position. Dans la suite, il convient de remettre cette affaire à leur initiative personnelle et d'exiger que l'occupation de la position s'effectue rapidement.

Il faut, dans la disposition générale de la chaîne, veiller à ce que, dans les endroits découverts, les hommes ne s'entassent pas en paquets, à cause des buts avantageux que ces derniers peuvent offrir à l'ennemi ; tandis que, dans les conditions où se fait le tir pendant le combat, il est difficile d'atteindre un homme isolé, même aux petites distances. L'escouade constitue un tout, par l'assistance mutuelle qui lie entre eux les hommes qui la composent et par l'obéissance qu'ils doivent au plus ancien ou au gradé qui la commande, et non par le groupement purement extérieur qui rapproche ses éléments en ordre serré. Ce groupement non seulement ne répond pas à la vraie camaraderie, mais, en terrain découvert, il en est plutôt la négation, puisqu'il facilite le tir de l'ennemi.

On peut admettre approximativement qu'en terrain découvert, il ne convient pas de donner moins de 30 pas à une escouade de 5 files, soit environ 3 pas par homme (1).

Cheminement de la chaîne.

70. La chaîne s'avance, non pas tout entière à la fois, mais par segments, en quittant une position pour en reprendre une autre et en s'arrêtant dans chacune pour tirer. Il faut éviter de tirer en marchant, et veiller perpétuellement à ce que les hommes ne s'entassent pas à découvert. C'est le chef de la chaîne qui détermine les

---

(1) Il va de soi que ceci n'est applicable qu'aux grandes distances; la chaîne, en se rapprochant à 400-500 pas, est ordinairement renforcée. Par conséquent, même en terrain découvert, chaque escouade aura alors moins de 30 pas. Comme limite de densité de la chaîne, — et cela derrière des couverts sérieux, tels que levée de terre, fossé, etc.), — on peut, à notre avis, admettre un pas et demi par homme, soit 15 pas pour une escouade de 5 files.

positions pour les arrêts, en indiquant à l'un des chefs d'escouade un objet à atteindre pour s'arrêter. Les autres escouades se transportent à la même hauteur que les premières, et, suivant leur commodité, prennent position quelque peu en avant ou en arrière de la ligne générale.

71. En apprenant à la chaîne à cheminer vers l'ennemi, il faut lui montrer la manière : 1) *de déborder la chaîne de l'adversaire*; 2) *de renforcer toute la chaîne, ou une de ses parties seulement*; 3) *de résister à une attaque de cavalerie*; 4) *de faire l'assaut final*.

1° Manière de déborder la chaîne de l'adversaire.

72. Les procédés, qui permettent de déborder la chaîne de l'ennemi et de résister à une tentative analogue de sa part, doivent devenir chez les hommes une habitude invétérée, qui attire d'instinct chaque tirailleur sur le flanc de l'adversaire, sans même qu'il ait besoin d'y penser. Une chaîne de tirailleurs qui n'est pas bien rompue à cette pratique fait de grandes pertes en n'attaquant que de front, et n'atteindra pas toujours le but. De même, uue chaîne qui n'est pas habituée à parer à un mouvement débordant de l'ennemi, abandonne quelquefois une position avantageuse longtemps avant le moment jusqu'où elle aurait pu s'y maintenir, si elle avait bien su comment un mouvement de cette nature doit être repoussé.

Pour montrer à la chaîne à déborder l'ennemi, le chef de compagnie désigne au commandant de la chaîne le flanc de la position supposée de la chaîne de l'adversaire qu'il désire déborder (1).

Le commandant de la chaîne, en arrivant à peu près à 400 pas de l'ennemi, ordonne à l'aile désignée de la chaîne de précéder les autres échelons et d'appuyer vers le flanc, jusqu'à ce qu'elle parvienne à prendre, par rapport à la direction de l'ennemi, une position qui lui permette de voir sa ligne obliquement et même, si c'est possible, d'enfilade (voir fig. 1). Mais en même temps, la chaîne ne doit perdre la liaison sur aucun point, dans toute son étendue (2).

------

(1) Cette position doit être indiquée, comme on l'a déjà dit, au commencement de la manœuvre.

(2) Les chefs des segments de la chaîne, qui

Fig. 1.

Tirailleurs ennemis derrière un fossé

Emplacement de la chaîne avant le mouvement débordant
100 80 60 40 20 0   100   200 pas

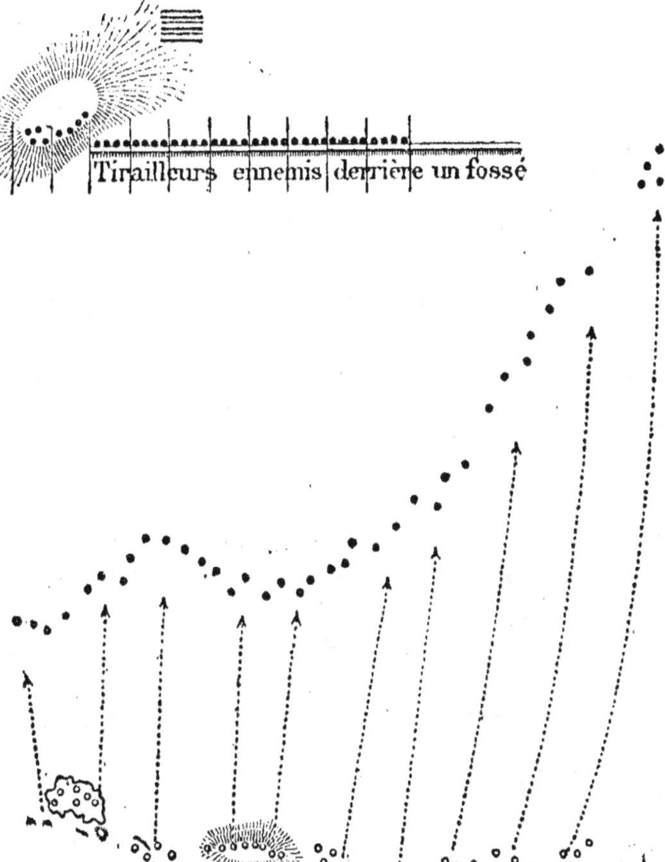

Il est toujours avantageux de déborder l'ennemi ; mais cette pratique est tout particulièrement utile contre des positions plus ou moins rectilignes et fortes de front, telles que fossés, remblais de route, etc. (1).

Quand on exécute un mouvement débordant, il faut aussi quelquefois désigner une nouvelle fraction, tirée exprès du noyau de la compagnie ; alors la fraction désignée prolonge l aile de la chaîne qui doit déborder l'ennemi, et agit comme il ets dit plus haut.

2° Manière de renforcer la chaîne.

73. Le renforcement de la chaîne peut être motivé : 1° par les pertes considérables qu'elle a pu éprouver ; 2° par le désir

---

doivent continuer pendant ce temps à cheminer de front, doivent être prévenus que telle aile est désignée pour déborder l'ennemi, afin de ne pas se mettre à faire avancer leurs échelons à la même hauteur que la fraction qui effectue le mouvement débordant.

(1) La manière de résister à un mouvement débordant est indiqué plus bas, au § 117, à propos des instructions avec cartouches de guerre et dans les remarques qui suivent ce paragraphe.

d'augmenter l'intensité du feu contre les tirailleurs de l'ennemi avant l'assaut. Ces deux conditions ne peuvent se produire, l'une et l'autre, qu'au moment où la chaîne est déjà assez voisine de l'ennemi, et c'est pourquoi, afin d'éviter la mauvaise habitude de renforcer la chaîne sans but déterminé, il ne faut effectuer ce renforcement, pendant les séances d'instruction, que lorsqu'on n'est plus qu'à 500 pas environ, et même moins, des tirailleurs ennemis.

Pour renforcer la chaîne dans toute son étendue également, ou seulement sur un de ses points, il faut se conformer à ce qui est prescrit dans le règlement, c'est-à-dire ne pas déplacer les hommes qui sont déjà occupés de tirer, et s'introduire dans les intervalles qui restent vacants. Il est recommandé, aussi bien pour les manœuvres relatives à la chaîne que pour celles qui ont rapport à la réserve, de ne jamais se départir de la règle générale suivante : *En toute circonstance, ce sont ceux qui sont derrière qui se règlent sur ceux qui sont devant, et jamais l'inverse ; attendu que ceux qui sont devant sont déjà aux prises avec l'ennemi, et ne peuvent détourner leur pensée sur ce qui se passe derrière eux.*

Les hommes qui viennent renforcer la

chaîne entrent sous le commandement du chef d'escouade dans le secteur duquel ils tombent, et leur ancien chef d'escouade devient l'adjoint et le remplaçant de ce dernier en cas de besoin.

Les chefs d'escouade doivent être rompus à cette habitude que, sur la chaîne, ils sont non pas seulement les chefs de leurs gens ordinaires, mais surtout les chefs d'un secteur et par conséquent de tous les gens qui s'y trouvent.

Précaution pour le combat : ne renforcer la chaîne qu'en cas de nécessité urgente ; ne jamais oublier qu'en renforçant la chaîne, on affaiblit d'autant la réserve, et que, sans réserve, il sera bien difficile de faire quelque chose, quand on en arrivera au choc décisif. C'est pourquoi, dans une compagnie qui opère séparément, nous conseillons de commencer par n'envoyer en chaîne que deux escouades au plus, en donnant alors jusqu'à cinq pas par homme sur le front.

En général celui qui enseigne l'emploi de chaînes très denses en temps de paix se donne de mauvaises habitudes à lui-même et en donne aussi à son monde pour le temps de guerre ; car c'est le plus sûr moyen de rester très rapidement sans réserve.

Encore un conseil pour le combat : apprendre aux hommes à ne jamais se coucher sans ordre, pendant le cheminement de la chaîne ; se cou-

cher, c'est facile; mais se relever, voilà le difficile.

3° **Manière de recevoir une attaque de cavalerie.**

74. Pour apprendre aux tirailleurs à se rallier, en présence d'une attaque de cavalerie en terrain découvert, le chef de compagnie envoie au commandant de la chaîne l'avertissement que, sur son flanc droit (ou gauche), ou sur son front, s'avance une attaque de cavalerie (1). Le commandant de la chaîne ordonne aux chefs des secteurs les plus menacés de se préparer à recevoir l'attaque; ce qui consiste à rallier les tirailleurs par escouades, s'ils se trouvent en terrain découvert. Mais ce ralliement n'a aucune raison d'être si les tirailleurs occupent un terrain couvert ou coupé.

L'avertissement du chef de compagnie consiste toujours dans l'indication du but qu'il a en vue; il en est de même pour le chef de la chaîne. Mais l'ordre dans lequel doivent se disposer les escouades doit, au contraire, être toujours laissé à l'initiative

______

(1) Pour plus de clarté, il vaudrait mieux encore charger un officier monté de galoper vers la chaîne dans la direction de l'attaque supposée.

des exécutants immédiats. Ainsi il ne faut jamais donner d'avertissement dans le genre de celui-ci, par exemple : « *Telle escouade, ralliez-vous.* » Mais : « *Sur tel flanc, vers tel endroit, attaque de cavalerie.* » Dans les manœuvres à double action, chaque chef de secteur, sur la chaîne, doit prendre ses mesures pour recevoir une attaque de cavalerie, sans attendre ni ordre, ni avertissement.

Il va de soi que si l'attaque est dirigée seulement sur un des flancs de la chaîne, l'autre flanc peut continuer son affaire, sans se préoccuper de l'attaque.

75. *Quand on rallie les escouades, en vue d'une attaque de cavalerie, il faut s'attacher tout particulièrement à apprendre aux hommes à ne pas masquer les feux que la réserve peut diriger sur la cavalerie.*

4° Assaut final.

76. Un mouvement débordant et le feu renforcé de la chaîne peuvent quelquefois obliger l'ennemi à évacuer sa position ; mais pas toujours. Si l'adversaire s'opiniâtre, il faut se jeter sur lui à la baïonnette ; ce qui s'exécute, une fois qu'on est arrivé à se rapprocher à une centaine de pas environ, en prenant une course rapide, pendant laquelle les hommes se rallient sur les sous-officiers ; ces derniers ayant eu soin avant le mouvement final de l'attaque de se tenir vers le milieu de leur secteur pour s'élancer en avant au moment même où ce mouvement commence. Ce que la balle n'a pas fait, la baïonnette le fera ; et c'est pourquoi une fois lancés, il faut mener l'affaire jusqu'au bout, c'est-à-dire jusqu'au sang. Il n'y a pas un ennemi qui tienne devant un soldat qui a le goût de la baïonnette, et qui sait en jouer. Seulement, il ne faut pas cogner à la débandade, mais par masses ; frapper de tout cœur et dégager les camarades en danger.

Cheminement de la réserve.

77. Le cheminement de la réserve de la compagnie doit être conforme à celui de la chaîne en général, mais sans s'astreindre le moins du monde à suivre celle-ci pas à pas. Le chef de compagnie ne doit pas oublier un instant, qu'il vaut mieux s'arrêter une minute de plus et faire ensuite, d'une seule enjambée, une centaine de pas en plus, que de s'arrêter presque tous les vingt pas. Les déplacements trop courts rendent la manœuvre molle et monotone : les hommes ne savent plus s'ils sont en marche ou en station. La meilleure compagnie s'endort et, au surplus, elle prend la mauvaise et pernicieuse habitude de traîner la jambe au lieu de marcher.

78. La manière de conformer le cheminement de la réserve aux exigences du combat peut s'exprimer en deux mots : *Se tenir, quand on stationne, autant que possible, à couvert, ou dans là formation la moins vulnérable au feu, s'il faut s'arrêter absolument à découvert ; — ou bien marcher et alors par enjambées de 300 à 400 pas à la fois, en choisissant de nouveau, pour s'arrêter, le terrain qui protège le mieux du feu.* Les mouvements doivent se faire à un pas alerte, allongé, mais calme ; en aucun cas, il ne doit y avoir de traînards.

En suivant cette règle pour cheminer en avant, la réserve se trouvera quelquefois très près de la chaîne ; cela n'a pas grand inconvénient : on souffre plus du feu quand on ne sait pas bien mettre sa troupe à l'abri et quand on marche mollement, que lorsqu'on se rapproche très près de la chaîne. Tirer juste sur une troupe qui s'avance droit et rapidement, — n'est pas déjà si commode.

C'est pourquoi, pendant le combat, nos tirailleurs choisiront comme but les fractions de l'ennemi qui resteront immobiles comme des cibles, ou qui s'avanceront lentement; et, réciproquement, nous nous efforcerons de ne point offrir à l'ennemi une proie facile, en employant toutes les précautions voulues pour cheminer et stationner.

Précautions contre les feux de l'ennemi et résistance à une attaque de cavalerie.

79. Il est facile, relativement, de préserver la chaîne du feu de l'ennemi, et d'ailleurs cette affaire n'a pas une importance considérable pour la chaîne, car chaque tirailleur isolément ne présente qu'une cible de faibles dimensions. Il n'est donc pas nécessaire de s'en préoccuper spécialement; d'autant plus qu'un tirailleur, qui est habitué à chercher un point d'appui pour son fusil, se trouve souvent, par là même, à l'abri, sans l'avoir fait exprès.

Tout autre est la question pour des

fractions à rangs serrés, qui présentent un but assez étendu, qui attirent sur elles le feu de l'infanterie et de l'artillerie ennemies, et qui souffrent beaucoup, dès que leurs chefs sont inattentifs à ménager les hommes qui leur sont confiés et les exposent comme des cibles aux coups de l'ennemi. On peut dire, en toute assurance, que, dans toute affaire, même la plus chaude, la chaîne, bien qu'elle se trouve, pendant la plus grande partie du combat, dans le voisinage le plus immédiat de l'ennemi, n'essuie pas, à beaucoup près, les pertes auxquelles est exposée une troupe à rangs serrés du même effectif, dès qu'elle pénètre dans la zone des feux.

80. C'est pourquoi les chefs des fractions à rangs serrés doivent tâcher de se bien familiariser avec les procédés qui permettent de mettre leur troupe à l'abri du feu, avec toute la perfection possible. Ils doivent se rappeler que, *chaque fois qu'un chef par manque de savoir, ou par indifférence pour son métier, est la cause de la perte inutile d'un soldat, sa conscience assume une responsabilité aussi lourde que s'il avait tué le même soldat de ses propres mains.*

Le devoir, l'honneur, l'amour de la patrie et de ses semblables, prescrivent à tout chef qui se respecte d'envisager ainsi cette grave affaire et, avec d'autant plus de force, que les procédés qui permettent de ménager une troupe sous le feu sont en somme très simples et consistent entièrement dans ce qui suit :

1° L'ondulation du terrain la plus insignifiante, en apparence, couvre parfaitement non seulement une compagnie, mais même une troupe plus considérable ; c'est le meilleur de tous les couverts ; les projectiles ne le traversent point et les mouvements n'en sont point gênés.

Pour la même raison, les plis de terrain les plus minimes, quelquefois à peine sensibles, qui se dirigent vers la position de l'ennemi, présentent une ligne très avantageuse pour cheminer, si toutefois l'adversaire ne peut les prendre d'enfilade.

Il faut appeler l'attention des instructeurs sur les couverts de cette nature, parce que ce sont ceux qui frappent le moins les yeux, tout en présentant pourtant le plus d'avantages. Les autres couverts sont trop visibles sur le terrain pour qu'il y ait lieu de les énumérer : haies, constructions, remblais, etc,, etc. Mais, en règle générale, tout couvert, que les balles traversent facilement et qui saute aux yeux sur le terrain, ne vaut rien du tout.

En choisissant un couvert, le chef doit constamment songer : *pour lui-même — à la possibilité de suivre des yeux ce qui se passe sur la chaîne, et pour la compagnie — à la possibilité de se porter sans obstacle dans la direction de la chaîne.*

2º Quand il se rencontre, sur la direction à suivre, des couverts assez nombreux, la compagnie manœuvre en ligne de colonnes de peloton, ou en colonne de compagnie; car ces formations sont plus maniables que la ligne déployée. Pour les arrêts derrière les couverts, il faut prendre la formation qui convient le mieux à leurs dimensions; par suite, lorsque les couverts n'ont pas plus de dix pas de largeur, par exemple, on peut se former derrière, en colonne par le flanc.

3º Si, sur la direction à suivre, il ne se trouve aucun couvert, le mieux est de s'avancer en ligne déployée, à files écartées, ou en lignes de colonnes de section par le flanc sans doubler. Cette dernière formation est préférable, dans les endroits où il est difficile d'avancer sans rompre la formation, toutes les fois qu'elle est un peu étendue. Tous ceux qui se sont occupés de

7.

tir savent qu'aux distances un peu grandes il est extrêmement difficile d'atteindre un but mince, quoique allongé, ou un but très étroit, quoique profond.

4°. Pour se placer dans un endroit découvert, il faut déployer la compagnie et, dans un combat réel, si la compagnie est solide au moral, on peut la faire coucher. Il convient de déplacer son monde de cent à cent cinquante pas dans la direction du tir de l'ennemi, en avant ou en arrière (suivant que cela est plus avantageux et plus conforme au but de la manœuvre), toutes les fois qu'on aperçoit que l'ennemi a réglé sa hausse sur la compagnie, — c'est-à-dire si on remarque que les balles, ou les projectiles de l'artillerie, commencent à tomber de plus en plus dans le voisinage.

Cette dernière pratique est purement pour le champ de bataille; il est impossible de s'y exercer en temps de paix et c'est pourquoi MM. les officiers doivent se la bien caser dans la tête, pour ne pas l'oublier pendant le combat.

5° Dans les endroits où il y a beaucoup de pierres, il faut tâcher, autant que possible, de placer ses troupes, de façon à ce que les parties les plus pierreuses du terrain soient derrière et non devant le front, afin d'éviter d'être atteint par les éclats. C'est pour la même raison qu'il convient d'éviter de s'arrêter sur une chaussée, ou de lui faire face à petite distance.

Se garder de se cacher près des couverts que les balles traversent facilement, dans le genre par exemple de huttes en branchages abandonnées. Au lieu de fournir un abri, ils ne servent que de point de mire pour l'ennemi et lui permettent même d'apprécier plus facilement la distance. C'est pourquoi il convient de se tenir à l'écart de semblables objets et de ne jamais se cacher derrière eux.

81. Pour résister à une attaque de cavalerie en ligne, la meilleure formation est celle qui donne le plus de feux et qui met les flancs à l'abri d'un mouvement tournant. En conséquence, si le terrain couvre bien les flancs, le meilleur ordre à adopter est la ligne déployée droite ou brisée, suivant la commodité. Le chef de compagnie doit, en conséquence, mettre à profit toutes les coupures qui se rencontrent sur le terrain, pendant la manœuvre, pour montrer comment on peut les utiliser contre une attaque de cavalerie.

Si le terrain ne présente aucun obstacle

et que la compagnie manœuvre isolément, elle prend une des formations indiquées plus haut. *Chaque soldat doit être complètement imbu de cette idée que l'infanterie peut essuyer avec succès une attaque de cavalerie, dans n'importe quelle formation, pourvu seulement qu'au moment de la mêlée les hommes restent face à la cavalerie.* L'infanterie doit se rappeler que, même si elle est rompue, l'affaire n'est pas décidée, mais qu'elle est seulement entamée, puisque alors la cavalerie a déjà perdu son élan. C'est pourquoi il convient quelquefois, en montrant la manière de recevoir une attaque de cavalerie, de supposer que la formation est enfoncée quelque part, pour apprendre aux hommes à se reformer lestement, en groupes bien compacts.

Manœuvres de la compagnie en terrain couvert.

82. Quand on exerce la compagnie au cheminement de l'attaque, il convient de choisir non seulement des terrains plus ou moins découverts, mais aussi quelquefois des terrains très couverts. Les premiers donnent l'habitude de la marche rapide et des précautions à prendre contre le feu de l'ennemi, en utilisant toutes les formations sur lesquelles on a appelé l'attention plus haut. Mais les derniers fournissent le moyen de s'assimiler des pratiques non moins importantes, pour cheminer en terrain couvert, en maintenant la liaison sur la ligne des tirailleurs et sans qu'il se produise de dislocation dans la compagnie.

Quand elle manœuvre sur un terrain couvert, la compagnie ne chemine pas comme il a été dit plus haut, mais, au contraire, elle se maintient très près de la chaîne et suit pas à pas tous ses mouvements, de façon à rester constamment en liaison avec elle.

INDICATIONS COMPLÉMENTAIRES RELATIVES A L'EXÉCUTION DES MANŒUVRES D'INSTRUCTION.

83. Il est de règle, toutes les fois qu'on a repoussé une attaque de cavalerie, de revenir immédiatement à la formation primitive et de rendre au front sa première direction.

84. *Pour montrer la manière dont se transforment les différentes formations, il faut utiliser les fossés, ravins, etc., en un mot toutes les coupures et toutes les particularités qui existent réellement sur le terrain;*

mais il est bien entendu que ces différents objets ne doivent jamais être seulement fictifs.

Manière de vérifier les progrès
de l'instruction.

85. Pendant les dernières séances, le chef de compagnie confie la direction de l'attaque à l'officier le plus ancien et lui-même, avec un jalonneur, se place sur la position que l'ennemi est censé occuper, de manière à bien suivre la marche de la manœuvre. La chaîne chemine bien si, dans tous les endroits découverts, on ne voit que des tirailleurs isolés, mais point de petits paquets. La réserve chemine bien : 1° si, pendant ses arrêts, elle est tout à fait cachée, ou si, dans le cas où il est impossible de trouver un couvert, on n'aperçoit qu'une ligne mince ; 2° si, quand elle marche, ses déplacements sont rapides, enjambent une étendue assez considérable à la fois, et si, à la fin de chacun d'eux, la troupe se cache de nouveau. — Le chef de compagnie fait connaître qu'il aperçoit une faute, en donnant un signal convenu d'avance, avec le fanion du jalonneur. Quand la compagnie a atteint la position censément occupée par l'ennemi, le chef de compagnie arrête la manœuvre, réunit les officiers, les sous-officiers et les chefs d'escouade et énumère les entassements d'hommes sur la chaîne qu'il a notés, ainsi que les moments pendant lesquels la compagnie a stationné inutilement à découvert, a exécuté des déplacements trop courts, ou s'est trouvée dans une formation non conforme à la situation (1).

Apprentissage de la compagnie à manœuvrer avec l'artillerie.

86. L'artillerie est incapable de pourvoir elle-même à sa propre défense et c'est pourquoi elle ne doit point s'en préoccuper. C'est aux troupes d'infanterie les plus voisines qu'il appartient de la protéger. C'est pour ces troupes un devoir sacré ; ainsi l'exige la loi de mutuelle assistance que se doivent les deux armes. L'artillerie soutient l'infanterie avec son feu ; et l'infanterie, en retour, doit protéger l'artille-

---

(1) Pendant les séances de cette nature, le chef de compagnie doit être de préférence à cheval, si c'est possible. Alors, en cas de fautes graves, il peut suspendre la manœuvre s'il le juge à propos, pour rectifier les erreurs commises, sans trop prolonger l'exercice.

rie contre les balles et les baïonnettes de l'adversaire.

Pour apprendre à la compagnie la manière de couvrir l'artillerie, le chef de compagnie peut employer le procédé suivant : il désigne un sous-officier ou un homme intelligent pour représenter une pièce de canon (1) et lui remet un fanion, pour que tout le monde puisse le bien voir de loin. Après avoir prévenu la compagnie que le porte-fanion représente une pièce de canon, le chef de compagnie commence la manœuvre, comme il a été expliqué précédemment, c'est-à-dire qu'il indique la position occupée par les tirailleurs ennemis et par leurs réserves, etc. (2).

Quand la chaîne s'est éloignée à une centaine de pas environ, en avant du front de la compagnie, le porte-fanion, qui représente une pièce de canon, est envoyé sur la

---

(1) Le mieux est d'employer un des jalonneurs, en le relevant de temps en temps, en raison de la fatigue de ces fonctions.

(2) Il ne faut pas supposer l'adversaire à moins d'un kilomètre et aller même jusqu'à deux; attendu que, dans une affaire réelle, il y aura lieu de prendre la formation de combat à une distance plus grande encore.

direction suivie par la chaîne, avec ordre de choisir une position avantageuse pour le tir de l'artillerie, sans faire d'ailleurs aucune attention à la chaîne ; c'est-à-dire qu'il a le droit de courir plus en avant, ou en dehors des flancs, ou, au contraire, de s'arrêter vers le centre de la chaîne.

Alors la chaîne doit se comporter comme il suit :

1° Si l'homme au fanion dépasse la chaîne en avant, les escouades les plus voisines ne doivent, à aucun prix, se laisser prévenir par lui. Dès qu'il s'arrête, ces escouades doivent immédiatement occuper une position sur ses flancs et en avant, ou, si le terrain ne le permet pas, à sa hauteur, mais sans jamais le masquer.

2° Si le jalonneur court sur le flanc, la dernière escouade de ce côté, ou du moins une portion de cette escouade, doit immédiatement, au commandement de son chef, dépasser le jalonneur, en courant sur son flanc extérieur. Dans ce cas, le chef de compagnie peut aussi envoyer en tirailleurs sur le flanc extérieur du jalonneur, une escouade, ou une section tirée de la réserve, afin de montrer un cas où le renforcement de la chaîne peut être subordanné à la nécessité de couvrir l'artillerie.

3º Si le jalonneur s'arrête sur la chaîne, les hommes les plus rapprochés dégagent le terrain autour de lui et, s'il se trouve en avant à proximité une position avantageuse, ils courent l'occuper.

4º S'il est ordonné à la chaîne de rétrograder, et que le jalonneur continue à rester en place, celle-ci ne doit pas non plus bouger, tant que le jalonneur ne commence pas à reculer.

Le jalonneur doit savoir choisir sa position avec une certaine intelligence, c'est-à-dire s'arranger pour qu'elle soit réellement admissible pour le tir de l'artillerie ; il reste en place jusqu'à ce que le chef de la chaîne envoie cette dernière sur une autre position.

87. Toutes les sections de la compagnie doivent, à tour de rôle, exécuter les manœuvres en ordre dispersé avec ou sans artillerie supposée. Le commandant de la chaîne et les chefs d'escouade doivent veiller, avec le plus grand soin, à ce que les hommes ne s'entassent pas, ne se préocpent pas de conserver un alignement rigoureux ou des intervalles égaux, mais ne songent qu'à choisir les buts et les emplacements les plus avantageux pour le tir et qu'à se prêter une mutuelle assistance.

Assaut final.

88. Pour réussir dans une attaque réelle, le chef doit : 1° bien se mettre dans la tête et dans le cœur qu'il faut mener l'assaut jusqu'au bout, quoi qu'il arrive, et sans regarder en arrière ; 2° savoir faire passer sa résolution dans l'âme de ses subordonnés ; 3° indiquer le but de l'assaut à toute la troupe, afin qu'elle sache bien ce qu'elle a à faire et remplisse son devoir, même si le chef vient à succomber ; et certes celui-ci n'a pas à se ménager, s'il a soif du succès et s'il veut que les autres en aient soif comme lui ; 4° autant que faire se peut, reconnaître le terrain sur lequel l'assaut doit avoir lieu ; 5° saisir au vol le moment pour donner le choc ; 6° savoir instinctivement déterminer les distances, où il faut commencer à battre la charge, à croiser la baïonnette et à se lancer à la course en criant : hourra ! Le dernier soldat doit avoir acquis par routine le sentiment de ces distances ; 7° donner le choc d'ensemble, comme un seul homme et vivement, tout droit devant soi, en se réglant sur ceux qui vont le plus vite et sans tolérer le moindre retardataire (1). Le devoir des sous-officiers est de veiller à ce dernier point et, *sur le champ de bataille, il n'y a rien à ménager pour y arriver ;* 8° ne pas compter que l'ennemi tournera le dos avant l'abordage, mais s'attendre à ce que l'affaire aille jusqu'à la baïonnette et au sang, et même le désirer.

Les vides se comblent en se serrant les uns contre les autres (2); il ne peut pas être question de quitter le rang sous prétexte

---

(1) Il est extrêmement important de donner l'assaut droit devant soi, car l'attention des hommes qui est tendue vers l'ennemi ne doit être distraite par rien. Avant d'arriver à 300 pas environ du point d'attaque, on peut encore faire appuyer la troupe sur le côté, afin, pour ainsi dire, de la bien *pointer* sur l'objectif choisi; mais à partir de cette distance, on ne pointe plus sa troupe, on la lance *comme un boulet* et, par conséquent, il est trop tard pour modifier la direction.

(2) En temps de paix, il est bon pour donner cette habitude, de faire arrêter de temps en temps une file, pendant la marche en avant ou en arrière (mais jamais pendant l'assaut), et d'exiger que les autres files serrent sur le centre sans attendre de commandement. (Voir plus haut l'article relatif aux procédés pour développer l'attention.)

d'emporter les blessés. Les gens qui se proposent pour ce service pensent à eux et non pas aux blessés ; un soldat qui a de l'honneur ne cherche pas à faire ce métier. Il ne faut pas oublier que si les affaires de la compagnie vont bien, celles des blessés s'en trouvent bien aussi. — Ce conseil, bien entendu, n'est applicable qu'à la guerre même.

89. On peut emprunter à tout ce qui vient d'être dit, pour s'y exercer dans les manœuvres à simple action, les pratiques suivantes : Si l'ennemi est à découvert, on peut commencer par lui envoyer quelques salves (1) vers 300 pas et ensuite marcher droit sur lui; mais, mieux l'ennemi est couvert, et moins il faut employer les salves; autrement, nous perdrions plus nous-mêmes que nous ne lui ferions de mal. *Le mouvement en avant se fera rapidement* (2)

----

(1) Plutôt moins que plus.

(2) Il nous semble qu'on peut admettre après les salves l'emploi du pas gymnastique pour se rapprocher de 300 pas à 150 pas environ. Du moins, dans le type d'attaque de Souvoroff, on employait le pas de course, pendant les instants où l'on pouvait craindre de grandes pertes par le feu.

et absolument droit devant soi; les tirailleurs garniront les flancs (1). A 100 pas la charge, à 50 pas à la baïonnette, à 20 ou 30 le hourra. — Le pas pour marcher à l'assaut doit être nerveux, vif et allongé; la course ne doit être prise qu'au dernier moment seulement, mais à toute vitesse; l'alignement se règle sur celui qui pousse le plus loin sa pointe en avant.

Il ne faut jamais arrêter l'attaque qu'après avoir dépassé, d'une cinquantaine de pas, l'endroit derrière lequel l'ennemi est

---

(1) Les tirailleurs doivent accompagner la fraction qui donne l'assaut jusqu'au bout et tirer ou travailler à la baïonnette en tâchant de déborder l'ennemi : en vertu de la loi d'assistance mutuelle, pas un homme ne doit rester en arrière, quand la troupe marche à l'assaut à la baïonnette, à moins que le chef ne prescrive de s'arrêter pour concourir à l'attaque avec le feu. Un tel ordre peut être donné dans l'attaque des retranchements, des positions couvertes par un fossé, un ravin, ou un ruisseau (un fossé plein d'eau). Dans ce cas, les tirailleurs arrivés au bord de l'obstacle, fossé, ravin, ou ruisseau, peuvent être arrêtés pour soutenir par le feu le passage de la réserve, mais ils se réunissent à elle dès qu'elle a pris pied sur le bord opposé.

censé en position. Au moment de l'arrêt, tout le monde serre sur ceux qui, pendant la course, se sont avancés le plus loin. « *Personne n'ose rétrograder d'un quart de pas.* » (Souvoroff.) Il faut accorder *la plus grande attention* au rétablissement immédiat de l'ordre et de la cohésion après l'assaut.

90. La chaîne ne s'arrête pas et poursuit l'ennemi en retraite, sur ses talons.

91. Si le terrain s'y prête (1), on peut continuer la manœuvre aussi avec la réserve, en se donnant comme but de poursuivre l'ennemi battu.

92. Toute formation est bonne pour l'attaque, quand le chef s'est posé la question de façon à ne point admettre de milieu entre la victoire et la mort et s'il a su développer le sentiment de l'assistance réciproque chez ses hommes, au point qu'aucun d'eux ne songe à sa défense personnelle, mais n'est préoccupé que de dégager ses camarades. C'est pourquoi, pendant l'instruction

----

(1) C'est-à-dire si, non loin de la première position, le terrain en présente une seconde, où il est admissible que l'ennemi tente de s'arrêter, ce qui peut exiger une nouvelle attaque.

du temps de paix, il convient de ne point toujours donner l'assaut dans la même formation — mais tantôt en ordre déployé et tantôt en colonne — suivant les circonstances.

Préparation de la compagnie aux surprises qui peuvent se produire pendant l'attaque.

93. La circonstance qui peut nuire le plus au succès de l'assaut, c'est que l'ennemi fasse lui-même une contre-attaque dans une direction inattendue. Pour se préparer à parer avec calme à une pareille éventualité, il convient, pendant les manœuvres, de supposer une attaque contre un de ses flancs à soi (en indiquant toujours la position supposée de l'ennemi) et de prendre les mesures nécessaires pour s'y opposer. Ces mesures peuvent consister : soit dans une attaque générale à la baïonnette de toute la compagnie, sur l'endroit où est censée apparaître la contre-attaque de l'ennemi, — soit dans une attaque à la baïonnette, exécutée seulement par une fraction de la compagnie désignée à cet effet.

Le premier procédé, c'est-à-dire le changement de direction de l'attaque de toute la compagnie, ne peut avoir lieu que pendant la période des feux, et c'est pourquoi il faut le pratiquer, dans l'instruction, avant de se trouver à 300 pas environ de l'ennemi ; — le second, c'est-à-dire la désignation d'une fraction seulement de la compagnie pour parer à une contre-attaque imprévue, — sera mis en pratique, quand il sera déjà trop tard pour renoncer au but primitivement choisi ; c'est pourquoi l'application de cette mesure sera démontrée dans la zone qui ne s'étend pas à plus de 300 pas environ de la position ennemie. Il va de soi qu'il faut confier cette mission à la section de queue et non à celle de tête.

94. En pareil cas, l'emploi de l'arme peut être différent, suivant les circonstances : si notre apparition est imprévue pour l'ennemi, ou réciproquement, si l'apparition de l'ennemi est inattendue pour nous, — la baïonnette, précédée d'une salve ou deux, *si le temps le permet*. Si, au contraire la contre-attaque est découverte à plus de 200 ou 300 pas, les tirailleurs peuvent tirer, aussi longtemps que possible, et la réserve, après avoir fait une salve, se lance à l'arme blanche.

Le feu ne sert qu'à préparer le choc ; mais comme *en fait de moyens de préparation, le meilleur de tous est encore la surprise, toutes les fois qu'il est possible de la ménager à l'ennemi, il serait fâcheux, en pareil cas, de perdre du temps pour tirer : car le mieux est de ne pas permettre à l'ennemi de se reconnaître.*

Retour au casernement.

95. La compagnie est rassemblée et mise face par le second rang. Une nouvelle position est désignée, comme précédemment, pour les tirailleurs et la réserve de l'ennemi, mais dans la direction qui conduit à l'endroit où est casernée (ou campée) la compagnie, et tout s'exécute comme on l'a dit plus haut, sauf que le second rang est en tête. Les sous-officiers, bien entendu, traversent le front. Après l'assaut de la position, l'on rentre au casernement dans l'ordre de route déjà expliqué, c'est-à-dire en prenant des mesures de sécurité.

96. Les manœuvres doivent être menées rondement, sans traînasseries inutiles. En comptant un kilomètre environ, depuis le point où on commence à prendre la formation de combat jusqu'à la position de l'ennemi, chaque séance ne doit pas durer plus d'une heure et demie (aller et retour) — deux heures au maximum.

Il faut faire la critique pour la marche qui précède la manœuvre — avant de prendre la formation de combat; pour la manœuvre à l'aller — avant l'assaut; pour la manœuvre au retour — de même; pour la marche de rentrée au casernement — en arrivant à cet endroit.

Attaques traversantes et instructions avec cartouches de guerre.

97. Les manœuvres à simple action donnent bien l'idée de la période des feux et de la période de l'assaut à la baïonnette ; mais elles sont loin d'achever la préparation au combat possible en temps de paix : d'abord, parce qu'elles se font sans balles dans les fusils et que le tir des cartouches à blanc développe des habitudes et des pratiques tout autres que celles qui sont nécessaires dans le tir de guerre ; en second lieu, parce qu'elles ne familiarisent pas le soldat avec cette impression que produit sur l'homme une masse qui s'avance rapidement sur lui.

98. La préparation à la période des feux est complétée par les instructions avec cartouches de guerre (tirs de guerre) ; la préparation à la période de la baïonnette — par les attaques taversantes.

99. Le premier de ces procédés d'instruction dépend beaucoup des moyens dont on dispose et, pour cette raison, n'est pas toujours réalisable, malgré sa grande importance ; quant au second, il ne nécessite aucune allocation spéciale, et c'est pourquoi nous le recommandons sans restriction ; car là où il existe seulement deux escouades, il est possible d'exercer les hommes aux attaques traversantes.

1. Attaques traversantes.

100. Les attaques traversantes peuvent s'exécuter en revenant de la manœuvre et même pendant les séances d'instruction sur le règlement — escouade contre escouade, section contre section, demi-compagnie contre demi-compagnie — en ordre déployé, ou en colonne. Dans ce but, une section, par exemple, s'arrête et une autre est emmenée à 400 pas ; puis on les met face l'une à l'autre.

La première de ces sections est ensuite conduite à l'attaque de la deuxième, de la façon suivante :

Cheminement rapide jusqu'à 250 à 300 pas environ ; arrêt pour exécuter des salves ; reprise de la marche en avant ; à 100 pas environ, les tambours commencent à battre la charge ; à 50, la section croise la baïonnette ; à 20-30 pas, elle crie hourra ! et se lance au travers de la section opposée. Au moment du choc, les fusils sont redressés.

La section qui attend de pied ferme répond aux salves par des salves qu'elle continue même jusqu'à ce que l'adversaire arrive à 50 pas environ; à ce moment elle croise la baïonnette comme lui et se lance également en criant hourra! au travers de ses files.

101. *Exiger la course la plus rapide, au moment où les deux troupes s'entrecroisent.*

102. Avoir, si c'est possible, des cartouches à blanc pour les salves des attaques traversantes.

Remarque. — Le côté qui se tient en place, c'est-à-dire qui représente la défense, peut commencer déjà les salves vers 300 pas, mais en calculant le tir de façon à conserver une dernière salve pour le moment qui précède le hourra! Par conséquent, afin que tout se passe avec calme, il est possible de faire deux ou trois salves avec distances les plus éloignées, c'est-à-dire dans les environs de 300 pas, et, après avoir rechargé, d'attendre l'ennemi à 50 pas.

103. Une fois que les sections se sont traversées l'une l'autre, il faut repasser au pas et rétablir l'ordre immédiatement sur les hommes les plus avancés.

Après quoi, la section qui était tout à l'heure de pied ferme s'arrête et l'assaillant continue de marcher, jusqu'à ce qu'il se soit éloigné à peu près à 400 pas, et on recommence une attaque, mais en inversant les rôles ; cette fois-ci, c'est la section qui faisait la défense qui maintenant fait l'attaque.

104. Pour apprendre à l'infanterie à recevoir une attaque de cavalerie, il est indispensable également, et aussi souvent que les circonstances le permettent, de faire exécuter des attaques traversantes de cavalerie sur l'infanterie et d'infanterie sur la cavalerie.

Remarque. — Dans la majorité des cas, il y aura lieu d'exécuter cette dernière instruction en dehors des manœuvres, afin de ne pas imposer aux deux armes la nécessité de coordonner l'emploi de leur temps, pour des unités aussi minimes que la compagnie et l'escadron. D'autant plus qu'il ne s'agit pas ici d'introduire, dans une manœuvre avec but tactique, une attaque de cavalerie, mais d'habituer l'infanterie à supporter avec calme l'impression produite par la cavalerie — et la cavalerie à se jeter hardiment sur l'infanterie, sans faire attention à ses feux.

Le chef de compagnie ne doit laisser échapper aucune occasion favorable pour réaliser cette instruction : il n'y a pas de pratique qui soit supérieure en temps de paix aux attaques traversantes, pour parfaire l'éducation de l'infanterie, sous le rapport du calme, de la fermeté, de l'intrépidité et de l'opiniâtreté. Il n'y a pas non plus, pour la même raison, de meilleur exercice pour la cavalerie.

105. Pour exécuter une attaque traversante de cavalerie contre de l'infanterie, on place la compagnie en ordre déployé, avec les files écartées à cinq pas d'intervalle, devant le front de l'escadron déployé et à files également écartées. La distance entre les deux côtés adverses doit être d'environ 400 pas.

Après quoi, la cavalerie passe au trot à travers la ligne d'infanterie ; tandis que cette dernière exécute une salve, quand la cavalerie arrive à 200 pas, et croise ensuite la baïonnette. La cavalerie, après avoir traversé l'infanterie, la dépasse d'une trentaine de pas, puis s'arrête et se remet face de son côté. Alors l'infanterie fait demi-tour, pour se remettre aussi face à la cavalerie, et marche sur elle à la baïonnette, sans exécuter de salves (1). A 20 ou 30 pas

---

(1) On peut aussi exécuter des salves ; mais dans ce cas la cavalerie, au lieu d'attendre l'infanterie de pied ferme, doit s'avancer au pas à la rencontre de l'infanterie et la salve ne doit pas se faire à moins de 100 pas.

l'infanterie se lance à la course à travers la cavalerie, se remet au pas après avoir dépassé cette dernière, s'éloigne ainsi à 300 pas, puis s'arrête et fait demi-tour. La cavalerie fait de nouveau face à l'infanterie et répète son attaque, comme il a été expliqué plus haut. On peut aussi arrêter l'infanterie devant le nez des chevaux et lui faire exécuter le maniement d'armes ; car les chevaux en ont peur, quand ils n'y ont pas été habitués. Puis on ordonne aux hommes de s'approcher des chevaux et de les caresser ; ce qui est bon pour les uns et les autres, car il y a dans l'infanterie un assez grand nombre d'hommes qui craignent les chevaux. Pendant le maniement d'armes et les caresses aux chevaux, les tambours et les clairons passent à côté des chevaux, en tapant et en soufflant de toutes leurs forces. Il est recommandé aux hommes de l'infanterie pendant cet exercice de ne pas saisir les rênes et de ne pas s'approcher des jambes de derrière des chevaux.

106. Il faut insister pour qu'au moment où les deux troupes se traversent, ni l'une ni l'autre ne ralentisse sa vitesse. Les tambours doivent battre la charge et l'accélérer peu à peu à mesure qu'on se rapproche de l'adversaire. Il faut bien veiller à ce que le pas soit rapide, et que l'alignement se prenne sur les hommes les plus avancés. Quand les soldats sont familiarisés avec l'exercice précédent, on peut faire passer la cavalerie entre les files de l'infanterie, — au galop et même au galop de charge, — et enfin répéter tous ces mouvements en ne desserrant les files que jusqu'à 3 pas d'intervalle.

107. Le procédé d'instruction qui vient d'être décrit, outre les avantages que nous avons déjà indiqués, a encore le bon côté de donner à l'infanterie le moyen de se former l'œil à l'appréciation des distances auxquelles il faut commencer les salves contre la cavalerie, et à la cavalerie le moyen de déterminer la distance, à partir de laquelle il convient de prendre le galop de charge, pour se jeter sur l'infanterie.

Sans doute les accidents ne sont pas impossibles (il y en a bien au tir, à l'escrime, à la gymnastique); mais d'abord, ils sont excessivement rares ; et, en second lieu, ils sont rachetés cent fois, par ce fait que notre infanterie et notre cavalerie, une fois élevées de la sorte, ne seront jamais prises à l'improviste par aucune éventualité, sur le champ de bataille. A l'affaire de Lecco (campagne de Souvoroff en Italie, 1799), la cavalerie française pénétra dans un de nos bataillons qui était formé en colonne. C'est une chose possible pour une bonne cavalerie, mais tous ceux qui entrèrent dans le bataillon, restèrent sur le carreau. Voilà à quoi on arrive en dressant l'infanterie aux attaques traversantes.

108. On voit par la description de la marche d'une attaque et d'une manœuvre à simple action, qu'il faut apprendre à attaquer aussi bien par le second rang que par le premier.

2. Instructions avec cartouches de guerre.

109. Le tir à distance inconnue a naturellement une importance beaucoup plus grande que le tir à distance connue, puisqu'il est nécessaire d'inculquer au soldat l'habitude de penser, avant chaque coup de fusil, à la distance et au réglage correspondant de la hausse ; faute de quoi, il arrivera, — comme cela se produit maintenant du reste, — que beaucoup d'hommes oublieront complètement de placer leur hausse pendant le combat. Il est facile de comprendre que, dans ces conditions, l'arme la plus perfectionnée n'empêche pas les balles de voler en l'air, et que son adoption ne peut avoir qu'un effet, c'est d'augmenter encore la dépense inutile des cartouches.

110. Les instructions avec cartouches de guerre (ou ce qui revient au même, les tirs de guerre) sont aussi des manœuvres à simple action, avec cette différence seulement qu'ici les évolutions sont accompagnées de tirs sur des cibles représentant l'adversaire et disposées sur la position, dont l'enlèvement doit constituer le but de la manœuvre à simple action.

Installation des cibles.

111. Les cibles s'installent en formation de combat, c'est-à-dire de manière à former une chaîne et une réserve. La première est figurée par de petites cibles, égales en dimensions à des hommes isolés, dans les différentes positions du tireur ; la deuxième est représentée par des panneaux placés à une distance convenable en arrière de la chaîne.

112. Pour installer les cibles, il faut

choisir un terrain sur lequel les tireurs ne connaissent point de points de repère particuliers, qui les dispensent de déterminer la distance à vue. Les cibles qui figurent la chaîne ne doivent pas être disposées sur une ligne régulière, mais être placées, les unes un peu en avant, les autres un peu en arrière de la ligne générale du front, en certains endroits plus serrées, en certains autres plus écartées.

113. Si le terrain s'y prête, il faut choisir, pour l'emplacement des cibles, des positions avantageuses pour la défense, telles que l'ennemi pourrait les choisir lui-même dans la réalité. Là où il y a des retranchements, il faut placer quelques cibles sur la banquette, pour montrer aux hommes l'emploi du tir dans l'attaque des retranchements.

Ordre de l'instruction.

114. La compagnie s'avance en colonne de route, jusqu'au moment où les éclaireurs découvrent les cibles ; alors la chaîne des éclaireurs s'arrête, et son chef envoie prévenir le chef de compagnie qu'il aperçoit des cibles, à telle distance, en telle quantité et de telles dimensions.

Au reçu de ce rapport, le chef de compagnie prend ses dispositions comme il est indiqué pour les manœuvres à simple action. L'exécution des obligations imposées, dans cette instruction, aux sous-officiers et aux chefs d'escouade, acquiert, pour les tirs de guerre, une importance toute particulière, et le commandant de la chaîne doit veiller constamment à ce que ses subordonnés immédiats ne s'endorment pas. L'inégalité avec laquelle les cibles sont réparties sur la ligne ennemie attire l'attention sur le choix des buts les plus avantageux, et l'ignorance de la distance oblige, après avoir évalué la distance à l'œil, à ne pas commencer le tir sur toute la chaîne, mais, au contraire, à contrôler cette détermination au moyen de coups d'essai. C'est seulement après qu'il faut désigner la hausse.

115. Les instructions avec cartouches de guerre confirment définitivement les tireurs dans l'habitude de chercher un point d'appui pour leur arme, affaire qui doit être confiée uniquement à leur sagacité personnelle. En même temps un certain autre but est aussi atteint (1), mais sans

---

(1) Le tireur sera abrité.

préjudice pour le moral, du moment qu'en temps de paix, l'homme n'est préoccupé que de tirer juste et jamais de se couvrir.

116. Dans les instructions avec cartouches de guerre, il convient de parcourir la série des exercices suivants : ralliement des escouades contre une attaque de cavalerie, cheminement en avant ou en retraite, mouvement débordant de la chaîne et résistance à un mouvement débordant de l'ennemi. Il faut apporter autant d'attention à déborder la ligne des cibles que dans une manœuvre à simple action ordinaire, et, dans les premiers temps, pour donner un but plus palpable aux hommes qui sont chargés de ce mouvement, il convient de disposer quelques cibles sur un des flancs ou sur tous les deux, sur une ligne en retour. La cavalerie peut aussi être représentée par des cibles de dimension convenable. Il convient de disposer ces dernières de façon à ce qu'elles ne puissent être découvertes que lorsque la chaîne s'en est rapprochée à peu près à 300 pas et même moins Si le terrain ne permet pas de dissimuler les cibles de la sorte, il convient de prévenir les hommes qu'ils ne doivent point tirer sûr elles avant d'avoir reçu l'avertissement : Attaque de cavalerie, etc.

Remarque. — On peut organiser aussi des cibles mobiles autour d'un axe horizontal, et les faire tomber verticalement au moyen d'une ficelle, au moment même où l'on désire représenter aux tirailleurs l'apparition inopinée de la cavalerie.

117. Dans le but d'apprendre aux hommes les pratiques pour résister à un mouvement débordant, il convient de disposer, sur le prolongement de la ligne des cibles, quelques cibles formant crochet offensif, et de façon qu'on ne puisse les apercevoir dès le commencement de l'attaque. Puis on prescrit à la chaîne d'exécuter un mouvement débordant sur l'autre flanc de l'adversaire. Quand la chaîne s'est rapprochée de la position censément occupée par les tirailleurs ennemis, suffisamment pour que les cibles qui représentent le mouvement débordant soient découvertes, on disperse alors une ou deux escouades de la réserve, de façon que cette nouvelle chaîne puisse prendre obliquement par son feu les cibles qui figurent le mouvement débordant. C'est une des pratiques les plus puissantes pour s'opposer à un mouvement de cette nature dans un combat réel.

Remarque. — Une autre pratique, non moins efficace, consiste à menacer l'ennemi de couper la partie de sa chaîne qui dessine le mouvement débordant, au moyen d'une attaque de notre réserve. Ce moyen peut être montré même avec une compagnie seulement, en la fractionnant en deux camps. Mais il est plus commode d'attendre pour cela les manœuvres à double action d'unités plus fortes que la compagnie.

Exemple (voir fig. 2) :

La compagnie attaque comme il a été indiqué. Le chef de compagnie ordonne de déborder le flanc droit des tirailleurs de l'adversaire. La chaîne étant arrivée à 500 pas environ des cibles qui représentent ces tirailleurs, le chef de compagnie détache de la réserve une escouade pour prendre obliquement les cibles qui figurent le mouvement débordant de l'ennemi, et l'attaque continue.

Dans la 1re position, la réserve est disposée en colonne par section, conformément aux dimensions de la colline derrière laquelle elle est cachée ; dans la seconde, elle se trouve en ordre déployé, parce que le terrain ne présente pas de couverts.

Remarque. — Il vaut mieux constituer les cibles, qui figurent le mouvement débordant, au moyen de deux panneaux réunis à angle droit, le deuxième panneau représentant les dimensions d'un homme vu de côté.

118. Dans les instructions avec cartouches de guerre, il convient de montrer aussi comment on envoie une chaîne dans une nouvelle direction, pour parer à une contre-attaque, ce qui se fait également au moyen de cibles formant crochet offensif.

119. Il faut de plus, dans les tirs de guerre, faire voir à la compagnie l'usage des salves, dans les différents cas déjà connus, c'est-à-dire contre la réserve de la défense et contre sa cavalerie. Les salves exécutées contre les cibles représentant la réserve doivent être suivies de l'assaut de ces cibles. Il n'est pas mauvais de temps en temps de faire le sacrifice de quelques cibles.

Remarque. — La chaîne, en raison de ses attributions, doit être instruite aussi bien à la marche offensive qu'à la marche en retraite, car le gage du succès réside, pour elle, encore plus dans sa souplesse que dans sa ténacité, — dans l'art avec lequel elle s'éclipse, quand il fait mauvais pour elle, et revient ensuite à la charge, à l'improviste. Mais la réserve, elle, ne doit pas reculer, et c'est pourquoi, si la chaîne rétrograde, ou bien elle

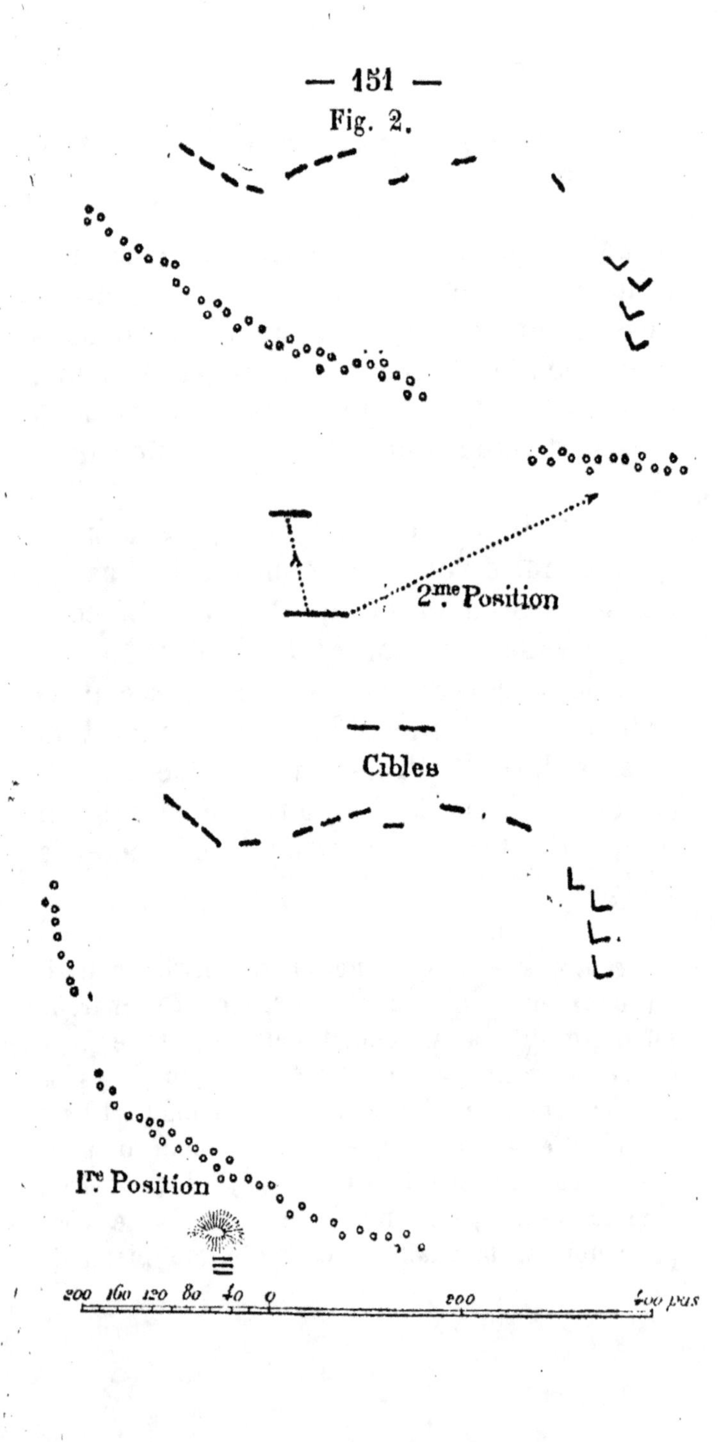
Fig. 2.
2.me Position
Cibles
1re Position
200 160 120 80 40 0   200   400 pas

s'arrête, ou bien elle pousse jusqu'à la chaîne pour la dégager.

Particularités relatives aux instructions avec cartouches de guerre.

120. — 1) Les chefs d'escouade doivent être désignés parmi les meilleurs tireurs et les plus intelligents, et c'est pourquoi ces derniers doivent être répartis à peu près également dans toutes les escouades. Ceci ne dérange pas beaucoup l'ordonnance de la compagnie, et c'est un gain sérieux pour l'affaire principale.

2) Il faut exiger de ces chefs d'escouade qu'ils dirigent effectivement leurs camarades, c'est-à-dire qu'ils déterminent la hausse au moyen de quelques coups d'essai, qu'ils indiquent les buts les plus avantageux pour le tir et empêchent les hommes de tirer au vent.

3) Il ne faut jamais se lasser de répéter que le calme et l'absence de précipitation dans les mouvements sont la condition fondamentale d'un bon tir; qu'il vaut mieux ne bien placer qu'une seule balle que d'en envoyer cent au hasard.

4) La chaîne doit être toujours peu dense, 3 pas au moins par homme; dans une chaîne dense, les hommes se gênent mu-

tuellement et offrent à l'ennemi un but plus vulnérable.

5) Si la réserve, quand elle a l'occasion d'exécuter une salve, ne se trouve pas droit en face des cibles, elle ne doit nullement exécuter des mouvements latéraux, mais seulement changer de direction, sur l'endroit où elle est arrêtée, assez pour que les hommes n'aient pas à tirer obliquement par rapport au front.

Préparation de la compagnie pour la défensive.

121. La compagnie doit savoir occuper, rapidement et avec intelligence, de petites positions, telles que villages, petits bois, cimetières, élévations, etc. Il n'est pas mauvais non plus de lui faire voir la manière de se placer derrière un ravin, un ruisseau, etc. ; mais il faut surtout insister sur les positions de la première espèce, parce qu'elles permettent plus facilement de passer à l'offensive Et, dans toute l'instruction, il faut toujours rester conséquent avec cet aphorisme : *qu'il faut se défendre en attaquant soi-même.* Chaque soldat doit en être bien pénétré.

On ne rosse pas quand on ne fait que parer les coups ; mais on rosse, quand on ne pense à chaque minute, tout en se défendant, qu'à saisir au vol l'occasion de porter soi-même des coups.

122. Les conditions fondamentales d'une bonne position défensive sont absolument les mêmes pour une escouade que pour une armée. Il faut, pour un combat défensif, se placer sur la direction la plus directe de l'offensive de l'ennemi contre le point qu'on a l'intention de couvrir ; s'établir dans un endroit d'où l'on puisse facilement se mouvoir dans tous les sens et d'où l'on puisse bien voir l'ennemi et bien tirer sur lui, en se laissant voir soi-même le moins possible, et voilà tout. MM. les officiers trouveront le développement de cette idée fondamentale, qu'il faut avoir en vue toutes les fois qu'il s'agit d'occuper une position, dans n'importe quel cours de tactique. Mais ici on appelle principalement leur attention sur la progression des dispositions à prendre pour l'occupation d'une position quelconque, savoir :

1) Il faut reconnaître avec les officiers la position et aussi le terrain qui se trouve sur ses flancs. C'est dans cette reconnaissance

qu'on détermine les emplacements de la chaîne et de la réserve.

2) Il faut prévenir ensuite la compagnie de ce qu'on veut faire et de la direction d'où l'on attend l'ennemi.

3) Il convient après cela de répartir la compagnie pour occuper la position, c'est-à-dire de désigner la fraction qui doit constituer la chaîne ; le reste forme la réserve.

4) Puis le chef de compagnie indique au commandant de la chaîne la ligne que cette chaîne doit occuper, et en particulier les points en avant de la position sur lesquels il faut diriger le feu le plus violent.

5) Il faut rappeler à tous les chefs qu'ils sont responsables de tout homme placé sans intelligence, de toute balle tirée sans motif. Le commandant de la chaîne est responsable des chefs d'escouade qu'il doit contrôler, mais sans jamais usurper leurs attributions ; en partant de là, les chefs d'escouade sont à leur tour responsables de leurs hommes (1).

---

(1) MM. les chefs de compagnie doivent veiller avec le plus grand soin à relever le sentiment de la responsabilité de chaque homme des cadres de la compagnie, dans le rang. Une fois que ce résultat sera complètement atteint, la remarque

6) Rien n'empêche le chef de la chaîne, après l'avoir placée, de s'occuper, s'il en a le temps encore, de faire mesurer les distances aux points les plus remarquables en avant de la position. — Conseil pour le temps de guerre.

7) La réserve est installée à une distance de la chaîne telle qu'elle puisse avoir tout son élan au moment de l'assaut ; c'est pourquoi il vaut mieux poster cette réserve,

---

insérée au point 5) deviendra superflue. Il est d'ailleurs facile de relever ce sentiment de responsabilité : *il faut seulement que les supérieurs n'usurpent point les attributions de leurs subordonnés.* Le chef de compagnie doit laisser au commandant de la chaîne toute latitude pour exécuter les ordres qu'il lui donne, et ne contrôler qu'ensuite la manière dont ces ordres ont été exécutés. Si une faute a été commise, il la rectifie — non par lui-même, mais par l'intermédiaire du commandant de la chaîne. Le commandant de la chaîne ne se charge pas non plus lui-même de placer chaque tirailleur derrière un buisson, un arbre, etc. ; mais il se comporte vis-à-vis des chefs d'escouade, comme le chef de compagnie doit se comporter par rapport à lui. Le chef d'escouade lui-même doit laisser à chaque homme l'initiative de se poster, mais il vérifie ensuite et rectifie au besoin les emplacements.

si le terrain fournit des couverts convenables, à au moins 50 pas de l'endroit où l'on veut préparer le choc. Mais dans des positions très coupées, comme dans un bois épais, dans des fourrés, etc., il vaut mieux tenir la réserve plus près de la chaîne, afin que le chef de la réserve puisse suivre ce qui se passe sur la chaîne.

8) Si, en faisant la reconnaissance, on s'aperçoit que le terrain renferme des coupures qui peuvent entraver la liberté des mouvements de la réserve et qui sont faciles à aplanir (telles que, dans les villages, les haies, les clôtures), il faut y établir des passages commodes. — Pratique pour le temps de guerre.

9) Le chef de compagnie doit absolument détacher de la réserve des patrouilles d'observation pour les flancs et bien faire comprendre aux chefs de ces patrouilles qu'ils ont le devoir de suivre tous les mouvements de l'ennemi, en prenant leurs dispositions de manière à voir le plus loin possible en avant et sur les côtés. Dès qu'un mouvement de l'ennemi sur les flancs de la position est découvert, un des hommes de patrouille est envoyé immédiatement au chef de compagnie pour le prévenir.

123. L'observation des flancs est un

objet de première importance; il réduit à rien les mouvements tournants de l'ennemi, et peut même parfois les faire concourir à sa perte. Un mouvement tournant n'est pas dangereux par lui-même, car c'est la baïonnette et non la position relative des deux adversaires qui décide de la victoire. Mais ce qui est extrêmement dangereux, c'est que le mouvement tournant ne soit connu que trop tard, car alors il agit comme tout imprévu sur le champ de bataille (1). Le chef

---

(1) Ce qui prouve bien que le danger dans un mouvement tournant consiste en ce que l'apparition de l'ennemi est inattendue, c'est qu'une attaque inopinée de l'ennemi sur le front produit une impression tout aussi fâcheuse qu'un mouvement tournant. Mais, si nous sommes préparés à tout, si nous avons pris toutes les mesures pour être prévenus, autant que possible en temps opportun, de toutes les entreprises de l'ennemi, il n'y aura plus d'imprévu de quelque côté que l'ennemi se présente; et c'est la baïonnette qui décidera du succès. La campagne de Souvoroff, en Suisse, est la meilleure preuve qu'on puisse fournir à l'appui de ce qui précède. Tout dépend de la prévoyance et de la ténacité, — et, comme conséquence de ces qualités, de la faculté de ne jamais perdre la tête et de ne jamais désespérer.

Dans la bataille de Rivoli, une colonne autri-

le plus capable de conserver son sang-froid et de se débrouiller peut être mis en mauvaise passe, par suite d'un mouvement tournant dont il s'aperçoit trop tard ; car tout en ayant conservé la faculté de décider ce qu'il faut faire, il ne peut pas avoir le temps d'exécuter. C'est pourquoi on recommande instamment, *aussi bien dans la défense que dans l'attaque, de ne jamais oublier l'observation sur les flancs.*

Pour apprendre aux patrouilles à remplir cette mission importante, on peut employer le procédé qui a été déjà proposé pour contrôler le service des éclaireurs pendant la marche, c'est-à-dire envoyer quelques soldats en dehors de la position, avec ordre de chercher à s'insinuer adroitement, soit sur les flancs, soit sur les derrières de cette position.

La force d'une patrouille ne peut être déterminée d'une manière invariable, car elle dépend du terrain. C'est au chef de compagnie à fixer son effectif, en se confor-

---

chienne qui était arrivée jusque sur les derrières des Français finit en somme par mettre bas les armes ; la conséquence c'est que le mouvement tournant ne signifie rien par lui-même.

mant aux indications qui résultent de la reconnaissance des flancs. Quelquefois, l'observation des flancs peut se faire de préférence de la position elle-même, par exemple : du haut d'un clocher, etc. Mais en tous cas, il est important de désigner, pour ce but, des hommes qui n'aient pas d'autre rôle que d'observer.

124. Les troupes qui sont logées dans des casernes doivent être exercées à la manière d'occuper ces dernières défensivement, en indiquant toujours le côté d'où l'on attend l'adversaire. Dans chaque chambrée, il doit y avoir un chef responsable. Il faut expliquer en quels endroits il y aurait lieu, suivant la direction supposée de l'attaque, de barricader des issues, ou d'en créer de nouvelles. Si dans les murs qui entourent la caserne il y a des créneaux, il faut encore ajouter à l'exercice précédent la défense de ces murs, et familiariser le soldat avec la manière d'agir derrière un créneau et de mettre un mur en état de défense.

Particularités pour l'attaque et la défense des ravins, retranchements, villages, etc.

125. Si le soldat ne connaît point les chemins battus, si, en venant de l'instruction et en s'y rendant, il ne parcourt pas maintes fois un kilomètre inutile pour tourner un obstacle, mais qu'au contraire, il fasse plutôt un détour d'un kilomètre pour passer au travers ; — si on s'attache à mettre en pratique tout ce qui est enseigné dans l'instruction de la gymnastique, alors les hommes et les chefs arriveront à la meilleure préparation possible pour enlever les obstacles. Il ne restera plus qu'à faire connaître certaines pratiques, comme par exemple de laisser la chaîne en deçà du ravin (du ruisseau ou du fossé du retranchement), pour continuer à tirer sur l'ennemi, pendant que la réserve se hisse sur le parapet, ou sur la berge opposée (du ravin, du ruisseau, etc.).

Mais il ne faut pas trop se casser la tête à se rappeler tous ces trucs ; il y en a une multitude, et tel qui est bon dans un cas ne vaut rien du tout dans un autre. En conséquence, celui qui se tire le mieux d'affaire dans chaque cas particulier, c'est celui qui sait le mieux se débrouiller et non celui qui se rappelle le plus de trucs.

126. Le stimulant le plus efficace qui puisse être proposé aux officiers pour les rendre « débrouillards », c'est de lire avec intelligence ce qui a été écrit par des gens qui ont mis la main à la pâte (1). Pour les officiers dévoués à leur affaire, ce conseil, je l'espère, ne sera pas perdu.

Préparation au service des avant-postes.

127. Le service des avant-postes n'est qu'une forme du service des places : mêmes sentinelles, mêmes postes, même inviolabilité de la consigne. Il n'y a de différence essentielle que dans l'objet qu'il faut garder et que dans celui contre lequel il faut le garder : en temps de guerre, le soldat garde ce qu'il doit avoir de plus cher au monde, c'est-à-dire ses camarades, contre les entreprises de l'ennemi commun. C'est pourquoi, celui qui connaît son devoir dans l'accomplissement du service de garnison, est suffisamment préparé à le remplir aux

____

(1) Tels que : *Aperçu sur quelques détails de la guerre*, de Bugeaud.

avant-postes. Quant à la partie du service des avant postes qui présente un caractère distinctif, comme de découvrir et de surveiller des indices, etc..., on ne peut l'acquérir en temps de paix, et seulement à un faible degré, que pendant les manœuvres à double action de troupes plus fortes qu'une compagnie (1).

Mais, afin que les officiers se fassent une idée exacte du service des avant-postes, il faut qu'ils soient exercés à choisir, sur le terrain et sur la carte, une position pour la ligne des vedettes, et résolvent des problèmes relatifs à la quantité d'hommes à fournir pour la garde d'une position donnée.

128. On propose à MM. les chefs de compagnie, en commandant les hommes

---

(1) Si le temps permet aux chefs de compagnie de consacrer quelques séances au service des avant-postes, nous leur conseillons de faire cet exercice à double action, afin de pouvoir effectuer comme il convient : le remplacement des sentinelles, les rondes, les envois de patrouilles, etc. Le mieux est de faire durer la séance **12** heures de suite et la nuit si c'est possible. Faute de monde, on ne place que des sentinelles et des petits postes.

qui doivent être de service aux avant-postes, pendant les grandes manœuvres, d'ajouter au dispositif réglementaire de petits postes de 4 à 5 hommes pour occuper les chemins qui traversent la ligne des vedettes, à une petite distance en arrière de cette ligne (1). Ces postes servent à diriger immédiatement sur les grand'gardes tous les gens qui se présentent devant les vedettes du côté de l'ennemi. Les postes qui ne sont pas sur les chemins doivent renvoyer sur les chemins tous les gens qui se rapprochent d'eux. La consigne pour les postes, en dehors des chemins peut être unique : ni le jour, ni la nuit ne laisser absolument passer personne venant de chez l'ennemi.

Quand une compagnie est isolée, on la garde en détachant des vedettes, dont le nombre et l'emplacement dépendent de l'inspiration du chef de compagnie, et ne sont déterminés par aucune prescription du règlement. Moins la sécurité de la compagnie absorbe de sentinelles, et plus cela

---

(1) Ces postes ont été introduits dernièrement dans le règlement russe sur le service en campagne.

prouve que le chef de compagnie est un homme qui entend son affaire et sait ménager sa compagnie en vue du combat.

129. Pour bien faire comprendre aux hommes les obligations du service de garde, il est bon d'employer les moyens d'épreuve suivants : par exemple, pour bien leur apprendre à tenir le mot de ralliement secret, on peut agir ainsi ; supposons que ce mot soit : Balle. Vous allez à une sentinelle : — Halte-là ! avancez au ralliement ! — Bâton. — Non, pas bâton. — Eh bien, alors ! quoi ? demandez-vous rapidement ; et dans les premiers temps vous rencontrerez pas mal d'hommes qui vous lâcheront le mot tout de suite. Dans ce cas, bien entendu, une petite semonce et le rappel de l'obligation du secret. Il est bon aussi de chercher à se glisser à travers la ligne des sentinelles sans faire aucune attention à leurs cris d'arrêter. Si le soldat est solidement instruit à ne pas laisser passer même son chef direct, tant que ce dernier n'aura pas rempli les formalités établies, on peut compter qu'il ne laissera passer encore bien moins personne d'autre. Problèmes à résoudre : 1° Par quelle épreuve pourrait-on habituer les postes à ne quitter leur emplacement que sur l'ordre de celui qui les a placés? 2° Par quel moyen pratique apprendre ce qu'il faut faire quand un poste quelconque vient à disparaître?

TABLEAU I.

Instruction des jeunes soldats dans un délai de quatre mois.

	SEMAINES.															
	I.	II.	III.	IV.	V.	VI.	VII.	VIII.	IX.	X.	XI.	XII.	XIII.	XIV.	XV.	XVI.
I. Instruction religieuse, serment, noms des chefs, numéro du corps, de la compagnie, etc., fidélité au drapeau	Commence.	—	—	—	—	—	—	—	—	—	—	—	—	—	—	—
II. Subordination et discipline	Commence.	—	—	—	—	—	—	—	—	—	—	—	—	—	—	—
III. Service intérieur	Commence.	—	—	—	—	—	—	—	—	—	—	—	—	—	—	—
IV. Service des places et devoirs des sentinelles	—	—	Commence.	—	—	—	—	—	—	—	—	—	—	—	—	—
V. Récompenses et prestations	—	—	—	—	Commence.	—	—	—	—	—	—	—	—	—	—	—
VI. Exercices préparatoires au tir	—	Remise du fusil, chargé.	Commencer les exercices préparatoires au tir.	—	—	—	—	—	Tir dans les chambres.	—	Tir dans les chambres avec équipement complet.	—	—	—	—	—
VII. Instruction d'exercices et de manœuvres — Exercice pratique sur les honneurs et les marques de respect	Commence.	—	—	—	—	—	—	—	—	—	—	—	—	—	—	—
Position du soldat, mouvements sur place	—	—	—	—	Commence.	—	—	—	—	—	—	—	—	—	—	—
Assouplissements	—	—	—	—	Commence.	—	—	—	—	—	—	—	—	—	—	—
Marche	—	—	—	—	Commence.	—	—	—	—	—	Avec le fusil,	—	Avec équipement complet,	—	—	—
Course	—	—	—	—	—	—	—	—	Commence.	—	Avec le fusil,	—	Avec équipement complet,	—	—	—
Maniement d'armes	—	—	—	—	—	—	Commence.	—	—	—	—	—	Avec équipement complet,	—	—	—
École de rang et de section	—	—	—	—	—	—	—	—	—	—	—	—	Commence.	—	—	—
Ordre dispersé	—	—	—	—	—	—	—	—	Commence.	—	—	—	—	—	—	—
VIII. Escrime à la baïonnette	—	—	—	—	Commence.	—	—	Exercices pour développer la force et la justesse des coups.	—	—	—	—	—	—	—	—
IX. Gymnastique	Commence.	—	—	—	—	—	—	—	—	—	—	—	—	—	—	—

II.	XIII.	XIV.	XV.	XVI.
—	—	—	—	—
—	—	—	—	—
—	—	—	—	—
—	—	—	—	—
—	—	—	—	—
—	—	—	—	—
—	—	—	—	—
—	Avec équipement complet.	—	—	—
—	Avec équipement complet.	—	—	—
—	Avec épuipement complet.	—	—	—
—	Commence.	—	—	—
—	—	—	—	—
—	—	—	—	—
—	—	—	—	—

TABLEAU II.

Instruction des jeunes soldats dans un délai de deux mois.

SEMAINES.

	I.	II.	III.	IV.	V.	VI.	VII.	VIII.
I. Instruction religieuse, serment, noms des chefs, numéro du corps, de la compagnie, etc., fidélité au drapeau..	Commence.	—	—	—	—	—	—	—
II. Subordination et discipline	Commence.	—	—	—	—	—	—	—
III. Service intérieur	Commence.	—	—	—	—	—	—	—
IV. Service des places et devoirs des sentinelles	—	Commence.	—	—	—	—	—	—
V. Récompenses et prestations	—	—	—	—	Commence.	—	—	—
VI. Exercices préparatoires au tir	Remise du fusil; charge.	Commencer les exercices préparatoires au tir.	—	—	Tir dans les chambres.	Tir avec cartouches de guerre.	—	—
VII. Instruction d'exercices et de manœuvres. — Exercices pratiques sur les honneurs et les marques de respect	Commence.	—	—	—	—	—	—	—
Position du soldat, mouvements sur place, assouplissements	—	Commence.	—	—	—	—	—	—
Marche	—	Commence.	—	Avec le fusil.	—	—	Avec équipement complet.	—
Course	—	—	Commence.	—	Avec le fusil.	—	Avec équipement complet.	—
Maniement d'armes	—	—	—	Commence.	—	—	Avec équipement complet.	—
École de rang et de section	—	—	—	—	—	Commence.	—	—
Ordre dispersé	—	—	—	—	Commence.	—	—	—
VIII. Escrime	—	—	Commence.	—	—	Exercices pour développer la force et la justesse des coups.	—	—
IX. Gymnastique	Commence.	—	—	—	—	—	—	—

TABLE DES MATIÈRES

Manœuvres avec but tactique :